见微知著

——基于智博微课的微型课研究

黄爱勤　著

吉林人民出版社

图书在版编目（CIP）数据

见微知著：基于智博微课的微型课研究 / 黄爱勤著
. —— 长春：吉林人民出版社，2024.1
ISBN 978-7-206-20834-8

Ⅰ.①见… Ⅱ.①黄… Ⅲ.①网络教学—教学研究—
小学 Ⅳ.①G434

中国国家版本馆CIP数据核字(2024)第043915号

见微知著：基于智博微课的微型课研究

JIANWEIZHIZHU : JIYU ZHI BO WEIKE DE WEIXINGKE YANJIU

著　　者：黄爱勤
责任编辑：王　磊　　　　　　　　封面设计：百悦兰棠
　　　　　　　　　　　　　　　　　　　　　【 BANYUE LANTANG 】
吉林人民出版社出版　发行（长春市人民大街7548号 邮政编码：130022）
印　　刷：廊坊市海涛印刷有限公司
开　　本：787mm×1092mm　　　　1/16
印　　张：10.75　　　　　　　字　　数：150千字
标准书号：ISBN 978-7-206-20834-8
版　　次：2024年1月第1版　　　　印　　次：2024年1月第1次印刷
定　　价：68.00元

如发现印装质量问题，影响阅读，请与出版社联系调换。

序

　　微课，一种带着鲜明时代特征和技术特征的新型教学技术手段（软件），从出现之日起既备受关注，也广招争议。其关注点在于它带来的以"翻转课堂"为代表的新型课堂和学习模式的转变，争议点在于以微课制作与应用带来的技术瓶颈突破和学习深度与广度的拓展。喜欢它的人说它是教育的未来，不喜欢它的人说它是教育的"鸡肋"。

　　微课，到底是实用的利器还是哗众的噱头？我觉得不是微课本身属性的问题，而是研究它、使用它的人的问题，是开发者研究深度的问题，也是受众需求点的问题。就像一个好产品开发问世后好不好谁说了都不算，市场说了算。很多家长在辅导学生作业时希望有一个讲解精练、素材丰富的视频参考；教师上课时部分知识点呈现需要高度整合、多维度呈现的视频展示；教师业务提升、钻研教材时需要引领性、代表性的视频范例，这些都是微课的需求点和生长点。

　　有了这样的需求点和生长点就有了研究的价值和研究的动力。有这么一批人就是在实实在在地对微课进行研究、探索与实践，并把它放在一个促进教师专业发展的角度进行研究。在盱眙县城南实验小学，以黄爱勤校长为主的教研团队自2014年起涉足微课研究的探索与实践，申报立项江苏省"十二五"规划课题"微课对教师发展影响的研究"，以微课为切入点，从教师对教材分析、重难点突破、信息技术应用等多角度引领教师专业发展，成效显著。

　　在微课省级课题研究顺利结题的基础上，城南实验小学教研团队再上一层楼，继续多项相关微课市级子课题的研究并拓展至城南实验"见微知著小学共同体"的微课省级电教课题研究。在学校内开发"智博微课程",并以此为切入点进行"智学课堂"的研究。在以"微"为文化的研究环境下,见微知著,以小见大,确立学校"聚微成博,积善养德"的校训和"雅智"校园文化。把微课的研究从课堂带向课外,从课程升华为文化。让微课研究发挥更大作用,走向更广阔的舞台,这是城南实人对盱眙教育乃至教育现代化研究做出的贡献。见微知著,才能润物无声;聚微成博,方可扬帆远航。

作者

2023.5

引语：微课的教学隐喻

见微知著，微，隐约；著，明显。原意是看到事情的些微迹象，就能知道它的真相及发展趋势，常用来比喻小中见大、以小见大。近义词有：因小见大、窥一斑而知全豹、可见一斑、一叶知秋。战国时代著名的哲学家、思想家韩非子曾说过"圣人见微以知萌，见端以知末"。汉朝的班固在《白虎通·情性》中说："智者，知也。独见前闻，不惑于事，见微知著者也。"

智慧之人，见微知著。智慧的人，是善于察觉的人，对周围的所见所闻，有自己独到的见解，不被假象所迷惑，在细小的环节中能看见（悟出）大的道理。强者见微知著，弱者视而不见。

历史上，科学家见微知著的故事改变着人类的发展史：

牛顿见苹果落地，后来发现地球引力；

阿基米德洗澡，后来发现了浮力；

莱特兄弟看到有双翼的鸟，后来发明了飞机；

瓦特看到烧水的蒸汽，后来发明了蒸汽机；

学习，亦是一个见微知著的过程，因事见理，善于观察，深化认知，提升能力、升华思想。学习中的美好和智慧是靠自己的细心去发现的。

微课作为新时期重要的教学手段，在解读教材、了解学生、教师培训、同伴互助等方面为教师的专业提升提供了强有力的帮助。广大一线教师应自觉以微课为载体，充分发挥其"短小精悍、传播广泛"等特点，借助微课提高课堂教学效果，同时提升自身的专业能力。

教师专业能力是推动教育进步的关键因素，如果说完善的教育设施是教育环境的"硬件"，那么教师的专业能力就是教育环境的"软件"。随着互联网＋时代全面来临，大数据、云计算、物联网逐渐与教育紧密相连，智能力量正在重塑教育的形态。学生的学习行为开始变化，有人说，"95后""00后"是在网络环境下成长起来的一代，他们喜欢技术，依赖网络，习惯于碎片化地学习。与之相应的是教师的角色再造，趋向更加多元化、职业化和专业化转变。教师要学会驾驭信息技术，重新思考新形势下如何开展教学，这将成为教师专业成长中极其重要和关键的内容。在此过程中，作为信息化产物的微课，扮演了十分重要的"助攻"角色。

一、微课——研读教材的"试金石"

传统教学追求整体划一，备一节40分钟的课，从2—3分钟的导入到20—25分钟的讲授环节，再到最后留10—15分钟的课堂巩固练习，每一个流程都要兼顾到，力求做到滴水不漏，完美无缺。而微课则大胆打破了这种一成不变的整体性，它以短小精悍为主要特征，将教材中的重难点、学生学习中的易错点，制成一个不超过10分钟的微视频供学生学习。每个微视频只针对一个知识点，大多数情况下都只有3—5分钟。这种从局部入手对教材作碎片化的处理，于教师备课而言更具挑战性，使得教师在备课时集中教学要点，突出教学重点，突破教学难点，没有一秒的时间可以浪费，对每一句教学语言都要进行细致地推敲，对学生学习过程中可能出现的各种情况进行深入思考。在微视频的设计上要有预设，还要有自然的互动。同时，在录制微课视频的过程中，教师可以及时获取他人对自己教学行为的评价。

相比学校里组织的听课与评课活动，教师在进行微课的录制过程中也可以边上课边修改，最大程度地优化自己的教学行为。特别是对新教师的锻炼非常有效。刚刚踏入教育行业的新教师，可能无法得到较多的机会积累教学经验。通过录制微课，教师在累积教学经验、探索教学方法的过程中不再"盲人摸象"，而是在无数次的"彩排"中成长。有压力才有动力，有挑战才有机会，广大一线教师可以通过微课这块"试金石"不断磨砺自己，通过反复解读教材锻炼备课能力，提升钻研教材的水平。

二、微课——联系师生的"强化剂"

未来课堂要走向基于双向关系的课堂，即教师和学生同为学习者，共同进步。而微课可以根据不同的需要在课前、课中或者课后使用。课前，微课可以是学生预习的"抓手"，让静态的文本教材变得生动有趣，这种动态的资源可以更好地帮助学生自学；课中，微课可以作为总结知识点、提升能力的工具；课后，微课又是学生进行自我辅导的手段，针对课堂上不理解的地方他们可以反复观看微课，直至弄懂为止。微课延伸了师生之间联系的时空，有了微课，从课前预习、课堂交流到课外辅导，教师能参与学生学习的全过程，始终关注着学生的学习，并给予必要的帮助，让学生真正成为学习的主人。从这个意义上说，微课是联系教师与学生的"强化剂"，由此孕育产生的"翻转课堂"是学习方式的重大革新，从教师主导的"教"，转变为以学生"学"为中心。显然，这是对传统的"教师讲，学生听"的课堂模式发起了"总攻的号角"。值得一提的是，因材施教早有强调，但受大班级授课的限制很难真正有效地执行。而现在，可以在发现学生学习障碍后通过微课的形式实行"私人定制"。教师真正成为学生的学习伙伴，和学生共同探索知识。教师将更多地教会学生怎样学习和思考，学生自主获取知识和信息的能力大大增强。未来教育教学对教师专业成长提出的新要求，既有教育理念的新转变，更有对教育信息技术的新追求。微课的出现丰富了教师的文化知识和教学工具，提高了教师的应用实践能力，同时也使教师的专业发展迈入新的阶段。

三、微课——教师培训的"助推器"

现代社会，科学技术发展日新月异，人类走上终身学习的道路已是毋庸置疑的事实，身为人师更是如此。我们常说"给学生一滴水，教师必须有一桶水"，笔者认为在信息丰富的今天，仅有一桶水还不够，要有一缸水、一池水甚至一片海洋。

教师培训是教师专业发展的重要途径。最早的教师培训只是口耳相传，后来有了 PPT 演示文稿，讲座的形式丰富了些，但互动性不强。现在将微课引入教师培训中，可以将培训的主题细化，像李玉平老师提出的"三小研究"，即关注小现象、开发小策略、积累小故事，这是对教学的反思和总结，也是基于教师专业发展的理念需求。这样的教师培训深受广大一线教师的欢迎。正如他在"什么叫微课程"的微课视频中所写的那样："微课程只为有想法的人，它以其极精、极简、极美的形式，将音乐、文字、画面三者完美融合，让学习的内容变得简洁，5 分钟学习，300 秒思考，一事一议，开门见山；突出以小见大，将理论暗含于问题、故事、策略中，直指原因或对策，另外能巧妙设疑，悬念层层递进，总有观看者想不到的地方，给人一种恍然大悟的感觉，使人看到现象背后的问题，对问题的本质进行深度思考，自然地伴随着情感共鸣，产生亲切感和认同感。"学习者在优美的音乐中，静静地阅读文字，欣赏画面，从而引发思考。这种将"文本阅读"与"影视阅读"结合的阅读方式，特别适合教师的专业发展及教师培训、教学研讨，改变教师的思维方式，使他们多角度看待教育教学中出现的问题。

四、微课——同伴互助的"自由场"

一般来说，教师的专业成长总是要经过"专家引领、同伴互助、自我反思"这三个阶段，而微课的宗旨是"分享与传播"。优秀的微课视频资源可以通过网络进行大范围传播，教师通过对微视频进行点评和交流，学习他人的教学方法和经验，同时对自己的教学进行反思，从中发现问题并不断改进，优化自己的教学行为。从另一方面来看，微课在具有普通课堂共性的同时，又有鲜明的个性特征。不同的人对相同的教材可以从不同的方面进行解读。可谓"一千个读者就有一千个哈姆雷特"，这种学术上的百花齐放、百家争鸣现象更是在互联网＋大背景下被发挥得淋漓尽致。微课不受时空限制，这就为教师之间进行广泛的交流提供了更加自由的表现形式。在微课搭建的"自由场"上，教师之间的沟通学习变得更加开放和自主。微课不仅改变着学生的学习方式，也改变着教师培训的方式，它已经渐渐成为教师专业成长中越来越强大的一股助力。广大教师要勇于面对它，利用好这个工具，充分发挥它的优势，为教学注入新的活力。

目录

第一章 导论

　　"微"时代，越来越多的人喜欢讨论整体与局部的关系，很多人都认为见微即能知著、以小更能见大。从一些我们常常熟视无睹的"小事"入手，以小见大，见微知著，让读者自己去悟出"规律"。

　　现代社会，生活节奏变得越来越快，与此相应，人们更乐于接受简单、便捷、有趣、高效的生活方式和学习方式，因此近年来各种"微"事物不断涌现，微博、微信、微电影、微小说……这些日益壮大的"微"字号队伍俨然宣告着我们已经步入了"微"时代。同时，网络通信技术日新月异的发展也强有力地推动着这股"微"潮流，使得各种"微"事物可以无孔不入地进入人们生活的方方面面。在教育领域，教师的工作更是非常繁忙，很难抽出大量的时间集中学习，因此对学习方式的便捷性和高效性有很迫切的需求，而微课恰可以满足教师的这种学习需要。故此，微课就在这种背景下应运而生。

　　学科和区域教育信息资源利用率低下、效益不高已成为我国基础教育信息化深入推进的瓶颈之一。本章论述了"微课"的概念、产生、组成、主要特点、优点、不足以及用途和分类，并结合我校与区域"微课"资源库建设实践，总结了国内和国外"微课"资源库开发状况，展望了"微课"在教育教学中的应用前景。

1

第一节 微课对教师教育观念的挑战

微课教学理念的更新和转变是当前教师需要关注的本质，对教师提出了更高的要求：教师在微课程的开发上应该捕捉恰当有效的教学点，利用课外知识拓展、自主质疑探究等方法或途径，制作深入浅出、浅显易懂的微课，结合课堂教学的有效时机，如课前预习、合作学习、课后探究等环节，使学生真正走进微课的学习，真正实现微课的"翻转作用"，促进和提升课堂教学效益的最大化。

为了能够更好地了解学生现状和课堂使用微课效果，在研究时要能够做到有的放矢，倾听学生的心声，然后根据存在的问题有针对性地展开研究，优化课堂教学。

我们对教师应用微课和学生认可微课的情况进行了问卷调查，并根据调查结果进行了分析，然后对于教师和微课的相关问题，进行了资料收集和整理，从而进行分析研究。

一、教师调查问卷

1. 您的教龄

（　　）1—3 年　　　　　（　　）4—6 年

（　　）7—9 年　　　　　（　　）10 年以上

2. 你之前对微课有了解吗？

（　　）非常了解　　　　　（　　）知道一点

（　　）不清楚

3. 请问您从什么渠道知道微课？

（　　）教育行政文件　　　　　（　　）网络

（　　）培训会　　　　　（　　）同事介绍

（　　）其他途径

4. 请问您是否参加过微课比赛？

（　　）是　　　　　（　　）否

5. 你在平时教学中使用微课进行相关教学吗?

（　）是　　　　　　　（　）否

6. 你认为微课能否达成教学目标，能否大大提高教学效率?

（　）能　　　　　　　（　）不能

（　）不确定

7. 进行微课教学是否会增加自己的教学负担?

（　）是　　　　　　　（　）否

8. 采用微课教学，你认为能否提高学生学习兴趣和学习能力?

（　）能　　　　　　　（　）不能

（　）不确定

9. 您觉得微课更适合哪种学习内容的讲解?

（　）新课型的讲解　　　　（　）一个知识点的讲解

（　）试卷的分析　　　　　（　）交流运用

（　）例题的分析　　　　　（　）其他

10. 您认为微课对提高教学有帮助吗?

（　）帮助很大　　　　　（　）有点帮助

（　）帮助不大　　　　　（　）没有帮助

二、教师问卷统计

了解微课情况	非常了解2人，占10%；基本了解12人，占60%；了解4人，占20%；不了解2人，占10%
应用微课情况	经常应用2人，占10%；偶尔应用15人，占75%；从不应用3人，占15%
对微课能否达成教学目标和能否大大提高教学效率的认同情况	认为能达成目标15人，占75%；认为不能达成目标2人，占10%；认为不一定能达成目标的有3人，占15%；认为教学效率会大大提高13人，占65%；认为不会大幅度提高2人，占10%；选择"其他"5人，占25%
对采用微课教学，能否提高学生学习兴趣和学习能力的认同情况	认为会提高学习兴趣6人，占30%；认为会提高学习能力9人，占45%；认为基本会提高学习兴趣6人，占30%；认为两者都不一定能提高的分别有8人和11人，分别占40%和55%

应用的微课类型和方式情况	主要类型是"知识理解"和"练习巩固" 主要方式是"修改他人作品","自行创作"的有3人，占15%
对微课教学是否会增加自己的教学负担的认同情况	认为会增加的12人，占60%；认为做一节微课很简单2人占10%，在教学中使用自己制作的微课很有成就感的8人，占40%
对在本校开展微课的可行性	认为可行3人，占15%；认为不可行2人，占10%；认为需要条件的15人，占75%

三、调查结果分析及反思

（一）简要分析

（1）绝大部分一线教师接触过微课，但在自己的实际教学中应用得较少，自己动手设计微课的更是少之又少。究其原因，主要是教师的信息技术操作能力还有待提升，大部分教师表示不会制作微课。

（2）对微课教学的好处，大部分教师认为有助于提高教学效率，能够锻炼学生的自主学习能力；但不能一刀切，应该具体问题具体对待，结合科目实际，教材章节实际。

（3）对在本校开展"微课"教学，大部分教师表示支持，但认为还需要条件；极个别人持排斥态度。

（4）微课的现场教学、课件和视频制作需要团队更多更好的合作和技术支持。

（二）结论反思

微课是信息技术应用于课堂教学的一种新形式，是网络资源的一种展现方式。作为小学教师，可以充分借助微课的内部资源进行教学知识的外延性拓展，利用"微课"进行教材知识的内部性补充，让学生在微课的引导下能够明确地理解教材中的显性知识与隐性知识，让教学活动因此而丰富多样。

1.运用微课创设情境，激发学生学习兴趣

皮亚杰说："儿童的思维兴趣在具体的知识情境中。"小学生保持有效注意力时间很短，只有有趣的情境才能激发学生的学习兴趣。教师制作一段涉及本课知识点的微视频，由学生课前自行在线观看，建立起关于知识意义的基本认识。可以创设出生动有趣的教学情境来激发学生的好奇心与求知欲，从而让学生产生浓厚的学习兴趣。

2. 利用微课提高学生自主学习能力

新课程教学标准中明确要求：在教学活动中须以学生为主体和中心，所以，在教学过程中，教师应着重培养和提高学生的自主学习能力。在教学中践行素质教育，目的是深化学生认知能力的培养，提升学生的综合素养。在新课程理念下，教师要积极倡导课程教育理念，让学生的各方面能力得到有效的提升。

3. 利用微课联系生活，培养学生感悟能力

我们知道，儿童的认知来自自己的生活体验。因此，教学要以熟悉的生活情境为依托来开展教学。教学中尽可能地多为他们提供熟悉的生活场景，从而让他们利用已有的知识与生活经验来解决问题，通过微课增强课堂视觉效果，突破教学重点。微课可以运用多种现代教育技术手段，集声音、图文、视频等为一体，为学生呈现清晰的图片、丰富多彩的视频，增强视觉效果，吸引小学生的注意力。这样，学生的感悟能力就会逐步地提高。

4. 利用微课化静为动，提高学生认知技能

教育心理学研究认为，儿童的思维以形象思维为主，并且逐步地步入抽象思维。所以，教师的教学方式应该注重如何展示知识的形成过程。而微课在课堂教学中的应用能直观形象地完成这一过程，从而有效地提高学生的认知能力。教师在对教育教学微课课件进行前期制作时，通过给予一定的语言或者文字提示来对学生的学习方法进行指导，逐渐树立学生对于知识的探索能力。

5. 利用微课加强学习效果，提升学生学习能力

通过微课还可以有效地复习巩固课堂学习的知识，帮助学生解惑，侧重于对学生进行课前课后的辅导。对于一些教学的重点、难点和易错

点，可以把它拍成微课，学生通过课后反复观看，改正错误，理解知识难点。教师可以根据教学重点与难点，运用微课进行集中突破，发挥微课"见微知著"的优势。微课是基于现代教育信息技术发展的产物，它能够灵活地运用现代信息技术优势。

四、微课应用的异化现象

近年来广大一线教师一直都走在改革的道路上。随着移动互联网的快速发展，导学案、微课和翻转课堂受到一线教师的追捧，唤醒了一线教师改革的热情。在不断的课堂实践中，发现不少课堂"有形而无神"，过多地在教学形式上做表面文章而忽视了学科知识内涵的异化现象。

（1）误读教学资源开发与整合，导致自主学习任务单替代教材，课本被搁置。随着互联网的迅速发展，对教学资源的开发与整合成了广大一线教师面临的问题。微课导学案实施以来，各种问题也频频出现：微课导学案或自主学习任务单替代教科书，教科书反而成为课堂上可有可无的摆设；学习仿佛又回到了死记硬背的时代，一线教师对教科书的编写意图的理解存在显著差异，对教材的解读出现随意性和片面性，都有可能导致对教材的误用。

（2）误读学生的学习规律，导致微课导学案或自主学习任务单变成贯穿课堂的检测题，导学功能退化为强化功能。误读学生的学习规律，学生当堂掌握被等同于"当堂进行题组训练"，误以为课堂掌握新知等于会做题，微课导学案变成贯穿整个课堂的检测题。教师没有真正理解学生学习的基本规律，有其形而无其魂。在异化现象中，随着导学案的难度加大，没有系统学习教学内容的部分学生在课前遭遇挫折，在课堂的自评中又一次遭受失败，老师的精讲又如蜻蜓点水，这样下去难免使学生失去求知的乐趣。

（3）误读教师的"教"和学生的"学"的关系，导致学习新知识成了习题课。以教为中心和以学为中心，这两种观点都有失偏颇。教与学两个过程应该是统一的，既要重视教师教的过程，也要重视学生学的过程。微课的出现不是不讲新课，而是学生换个地方先自学新课，课堂上教师对新课涉及的知识进行深入剖析，而不是课堂上不学新课。虽然课堂形式比较新颖，实则旧瓶装新酒，新授课反而变成复习课。

第二节　微课对学生学习方式的改变

学习兴趣是影响学生学习的一个重要因素，是学生从事学习活动、探索知识的内在动力，它能让学生萌发出强烈的求知欲，直接影响学生学习的进程和学习效果。要想提高学生的学习质量，就必须使学生对产生浓厚兴趣，并且有良好的学习习惯，而微课对于提高学生的学习兴趣和强化学生掌握基础知识、基本技能，发展智力有着重要意义。本次调查的目的是了解学生学习兴趣的现状及微课对他们学习兴趣的因素影响，从而有针对性地培养他们学习的兴趣，提高课堂教学的效果。

一、学生调查问卷内容

1. 你所在的年级（　　）

A. 一年级　　　　　　　　B. 二年级

C. 三年级　　　　　　　　D. 四年级

E. 五年级　　　　　　　　F. 六年级

2. 你的性别（　　）

A. 男 B. 女

3. 在平时上课过程中，你是否出现过注意力不集中，注意力分散的情况？（　　）

A. 经常　　　　　　　　　B. 一般

C. 偶尔　　　　　　　　　D. 从没

4. 在平时的上课过程中，你是否出现过老师讲解完还有疑问的地

方？（　　）

    A. 经常   B. 一般

    C. 偶尔   D. 从没

5. 你认为自己的自主学习能力（课前预习、课后复习和作业）如何？（　　）

    A. 自主学习能力很强，可以自主完成学习。

    B. 自主学习能力还可以，基本可以自主完成学习。

    C. 自主学习能力不足，需要家长老师或者同学指导。

    D. 完全没有自学能力，只有家长老师指导才能完成学习。

6. 你对微课了解吗？（　　）

    A. 非常了解   B. 了解

    C. 一般   D. 不了解

7. 你从何种途径接触到微课？（　　）

    A. 网络   B. 老师

    C. 同学   D. 家长

    E. 其他

8. 你在哪些课堂当中见识到老师使用5—10分钟时长的"微课"？（　　）（多选题）

    A. 语文   B. 数学

    C. 英语   D. 信息技术

    E. 美术

9. 你对哪种形式的微课比较感兴趣？（　　）

    A. 视频讲解   B.PPT 演示

    C. 动画形式   D. 其他

10. 你的老师在上课时，微课的使用情况是？（　　）

    A. 经常应用   B. 偶尔使用

    C. 几乎没有   D. 不了解

11. 如果可以，你是否愿意使用微课进行学习？（　　）

A. 非常愿意　　　　　　B. 一般愿意

C. 无所谓　　　　　　　D. 不愿意

12. 通过微课来学习一个知识点，你最能接受的形式是？（　　）

A. 做成视频，看着屏幕上老师的讲解示范

B. 看老师详细的板书，思路梳理，有没有老师无所谓

C. 只要老师提供思路就可以

D. 无所谓形式，只要能够解决问题就行

13. 利用微课进行学习，你希望在教学的哪个环节进行？（　　）

A. 课前预习　　　　　　B. 学习新课

C. 课后复习　　　　　　D. 无所谓

14. 老师利用微课上课时，你觉得对知识点的学习有帮助吗？（　　）

A. 帮助很大　　　　　　B. 一般

C. 没有帮助

15. 你觉得微课最吸引你的地方是？（　　）

A. 课程时间短，可以充分利用零碎时间学习

B. 视频形式，观看方便

C. 集中解决一个知识点，有针对性

D. 可以弥补课堂效率不高的问题

E. 其他

二、学生问卷统计如下：

了解微课情况	非常了解1人，占1.0%；基本了解10人，占10.5%；了解12人，占12.6%；不了解72人，占75.8%
对微课学习是否愿意	非常愿意25人，占26.3%；一般愿意60人，占63.2%；无所谓15人，占15.8%，不愿意0人，占0%
最能接受的微课形式的认同情况	认为做成视频，看老师讲解的82人，占86.3%；认为看板书，有没有老师无所谓的13人，占13.7%

是否会经常去网络上看学科的知识点	会主动去看20人，占21.1 %；不会去看32人，占33.7%；偶尔会看43人，占45.3%
你希望在教学的哪些环节进行微课学习	课前预习67人，占70.5%；学习新课60人，占63.2%；课后复习75人，占80.0%；无所谓38人，占40%
微课最吸引你的地方	绝大部分同学选择时间短，可以充分利用零碎时间学习，占55%；其次是视频，观看方便，占30%；较少同学选择了有针对性，弥补课堂效率不高的问题，占15%

三、学生问卷调查结果分析

（1）接触过微课的学生很少，大部分学生不能进行网络上的自主学习，但100%的同学都认为微课的设计及开发很有必要。说明学生还是愿意接触这种新事物，对其怀有期待。

（2）对预习、复习，包括课堂上遇到的不会的问题，大部分学生倾向于让老师重新讲解或是请教其他同学，愿意自主探究或看视频解决的只占极少数，说明学生的自主探究学习能力还有待培养。

为了更好发挥微课对于提升学生学习兴趣和核心素养的作用，我们通过收集、研究、整理相关文献，对优化微课的相关内容作了阐述。

第三节 微课对家长教育观念的挑战

家庭是孩子的第一所学校，也是人生就读时间最长的一所学校。而父母应是孩子的第一任老师，也是最重要的启蒙老师。众所周知，家庭教育不是学校教育的简单重复，而是与学校教育互为补充的一条重要途径。今天，我们一起和家长来探讨微课的意义和方法途径，共同为提高教育的质量而努力。我们设计了与微课有关的问卷，邀请了部分家长参与问卷，并逐项进行了简要分析，并通过问卷剖析了微课的部分实践性问题。

1. 你是否经常使用微信？（ ）

A. 经常 B. 有时 C. 偶尔 D. 几乎不会

A	B	C	D
43.5%	26.1%	15.2%	15.2%

【分析】现在的微信普及率还是比较高的，大部分的家长会经常或有时使用微信。几乎不会使用微信的家长也是有的，所以教师利用微信群向家长传达信息时，会存在需要特殊处理的个例。

2. 你是否会在课下的时间对孩子进行网上指导学习？（　　）

A. 经常 B. 有时 C. 偶尔 D. 几乎不会

A	B	C	D
8.7%	26.1%	32.6%	32.6%

【分析】可能因为低年级学生年龄的特点，很少家长会经常对孩子进行网上指导学习，因为对这个年段的孩子关注更多的应是习惯养成，而不是知识的掌握。

3. 你对微课是否了解？（　　）

A. 非常了解 B. 了解 C. 一般 D. 不了解

A	B	C	D
0	21.7%	28.3%	50%

【分析】微课对于家长来说，是个新的词语。因此没有人非常了解，只有较少数的人了解，有些人是通过这次的问卷，自己再去网上查阅资料进行了解的。一半以上的人是不了解的，可见我们微课的定义及用途还要对家长进一步宣传。

4. 你最能接受的微课时长是（　　）

A.5 分钟以下　　　　　　B.5—10 分钟

C.10—30 分钟　　　　　　D.30 分钟以上

A	B	C	D
15.2%	52.2%	26.1%	6.5%

【分析】从数据分析来看，更多的家长对微课的"微时间"还是有一定的认识的，集中在 10 分钟内，部分家长因为对微课的不了解，选择了过长的时间。

5. 你对微课的定位是（　　）

A. 授业（课堂教学的一种方式）

B. 解惑（课堂教学的延伸）

C.两者都有

A	B	C
26.1%	15.2%	58.7%

【分析】从这项数据可以看出，很多家长对"微课的定位"不是很了解，微课的作用为"解惑"而非"授业"，它用于不受时间空间限制的网络在线课后辅导，不能代替课堂的新知识教学。

6.你认为微课最吸引你的是什么？（　　）（多选题）

A.时间短 B.视频形式

C.知识点集中，有针对性 D.很潮，够酷

A	B	C	D
32.6%	41.3%	89.1%	4.3%

【分析】大多数家长的选项集中在了A、B、C上，这充分说明了微课的特点已被他们接受与认可，但还有几位年轻的家长觉得微课是一种"很潮，够酷"的新事物。

7.你对微课应用于课堂教学的意见是（　　）

A.赞同 B.无所谓 C.反对

A	B	C
87%	8.7%	6.5%

【分析】对于微课程用途上的理解，绝大多数家长赞同微课应用于课堂教学。说明了家长对于新的教学形式是乐于接受的。

8.你认为微课能提高学生兴趣，增加师生交流吗？（　　）

A.能 B.一般 C.不能

A	B	C
87%	8.7%	4.3%

【分析】90%以上的家长认为微课程能够更好地提高学生兴趣。在课堂中适当地穿插微课是有利于激发学生的学习兴趣，增加师生交流。

9.在课前预习阶段，你更偏向于？（　　）

A.靠微课进行预习

B.单纯利用课本预习

C. 无所谓

A	B	C
71.7%	26.1%	2.1%

【分析】通过这个问题，反映出家长对微课作用于课前预习的接受度，也明确我们未来的一个研究方向——如何更高效地推广微课程，让更多的家长应用微课进行课前预习，以助孩子自学能力的提高。

10. 你对课后进行微课复习有什么看法？（　　）

A. 有效，会用

B. 有效，但无兴趣

C. 无效，愿意用笔记复习

A	B	C
80.4%	10.9%	8.7

【分析】随着微信、微电影等"微时代"产物逐渐普及，"微"已易于被接受。因此，80.4%的家长对微课产生了兴趣，并认为：微课对学习是有效的。

11. 将微课应用于哪一过程对你更有吸引力？（　　）（多选题）

A. 新课导入　　　　　B. 核心概念（知识）

C. 新课讲解过程　　　D. 课程小结与拓展

A	B	C	D
50%	56.5%	65.2%	56.5%

【分析】反馈的数据中可以明显地看出，家长对微课应用于四个过程的接受度是差不多的。大部分家长同时选择二至四项，只有10%左右的家长选择了其中的一项。

通过问卷，我们发现家长对微课的认识还不太深入，但对这一新型教学资源持赞成乐观的态度。微课应用并普及于辅助小学教学，是未来的一种趋势，但是这需要一段磨合并整合的时间。

通过问卷调查发现，不少家长对于微课的相关知识以及概念不是很清楚。在后面的章节里，我们通过查阅文献资料，收集和整理了一些相关知识和概念，为家长更好地了解微课这一新兴事物提供帮助。

第二章　微课研究现状概述

对知网上近五年来有关微课的文献进行统计，利用内容分析法对文献的研究内容进行归纳分析，利用文献计量法对研究领域、研究主题、研究热点进行定位，明晰了我国微课的研究现状及存在的不足，期待本研究结果能为我国今后的微课研究和应用提供借鉴和帮助。

随着教育教学改革的不断深入，微课受到了越来越多教育工作者的关注，诸多学者对其进行了理论研究和应用探索，同时发表了大量的研究论文。

我们把微课研究文献的研究领域划分为高等教育、职业教育以及中小学教育。关于微课的研究领域主要集中在中小学教育，文献数量的比例高达 50％，职业教育和高等教育分别占 26％和 24％。中小学是新课程改革的重点试点阶段，此阶段的教师对新型教学方式有非常大的兴趣，教师也希望通过自己的教学实践，探索出更有效的教学方式，改善传统的教学模式，因此他们对微课的研究是非常积极的。而目前看来高校里的教学一般是采用传统的方式，也不排除部分善于探究的教师可能会让学生以课上或课下体验的方式对微课进行尝试并得出研究结论。不管哪个领域的研究，整体看来，对于微课的研究仍处在实验论证和积累经验的试点阶段。

微课的研究主题划分为基础理论研究、教学问题反思研究、研究综述、发展趋势研究、可行性分析、教学应用研究以及其他方面研究等。

第一节 关于微课基础理论的研究

研究主题为微课基本理论的论文比例占8%，在所有的关于微课基本理论的研究文献中，相当一部分文献只是阐释了微课的定义，罗列几个微课界研究比较深入的专家对于微课的定义和描述特征，并根据自己的理解表达自己对微课的认识；再就是围绕微课的实质、微课的作用、微课的发展趋势等方面进行研究，而关于支撑微课的理论方面的研究却很少，只有部分内容涉及微课与慕课、翻转课堂等之间的关系。微课虽被认为是在网络普及时代，基于建构主义的一种新型的教学手段，但却一直没有形成一个关于微课完整的理论框架。

通过分析专家学者对于微课的定义，笔者认为微课是根据特定的教学目标，对涉及的某个小知识点进行合理的教学设计，并以小视频的形式传播给学习者。

也就是说微课是一种新的教学形式，由于微课简短而又有较强的针对性的特点，所以更能吸引学习者的注意力，更加方便学生自由自主地学习。

一、关于微课设计的研究

有关微课设计的研究主要集中在对微课教学设计模式或设计策略的研究。金陵在2013年提出微课就是把原来已有的课程进行再次开发整合，在把原来课程合理地划分为不同的课时进行教学的基础上，再将已划分好的课时教学再次分解，得到若干个小课程。

其中关于微课的教学设计需要注意的是要将微课与现实中的课堂密切结合，设计要综合分析实际教学资源、学习活动和学习评价之间的关系，以求实现微课和现实课堂的有机结合。另外，对微课设计的研究从个性和共性的角度出发大体可分为两类：一类是从个性角度出发的研究，即由教育一线的各学科教师针对某一学科课程并结合本学科特点进行分析整理，提出合理系统的设计，这类微课的设计会带有相应学科的特色，对推进学科微课设计具有重要的指导作用。另一类是从共性的角度出发的研究，主要探讨了能够普遍适合任意课程的模式，但此类研究相对较少，研究成果的可行性也有待考察。

在分析了大量微课设计方面的文献后，能够得出当前微课设计主要存在的以下两个问题：

第一，与课堂教学整体相脱节。

微课的设计更多地注重于学习内容的呈现而忽略了与现实课堂各教学环节的整合。优秀的微课设计不仅要实现学习内容的传递，更要实现将各学习环节与教学设计有机结合。微视频最终应用于现实课堂，作为课堂中的核心教学资源，要充分考虑现实因素，合理的设计才能使微课发挥最大的效应。

第二，脚本设计缺乏，课堂教学特色不明显。

由于部分教师并没有接受过专业的教育技术培训，因此其微课的设计步骤不明确。通常微课的设计需要选题并进行脚本编写两个步骤，而部分一线教师恰恰缺乏编写微课脚本的意识和能力，从而使得教师漏掉该环节直接制作微课视频，这就导致了微视频出现教学重点不突出、教学环节条理不清以及某些教学细节体现不够等问题。

二、关于微课应用的研究

关于微课的应用研究方面的论文数量所占比重最大，占所有微课研究论文的45%，可见微课的应用这一主题是近几年我国专家学者主要关注的研究方向。通过对相关文献采用内容分析法可以发现，微课的具体应用研究主要是体现在微课在具体学科之中的应用和微课对教师专业技术能力提升所产生的影响这两个方面。

目前对微课在具体学科之中的应用的研究是最多的，也是相对来说最普遍的。若在某一具体学科的传统课堂中，如数学、物理、化学等学科传统课堂中的公式或者结论需要科学验证，教师就可以应用录制小视频的形式，在课堂中运用微课，将重难点知识以新颖的形式传授给学生，这样既完成了教学目标，提升了学生的学习兴趣，让学生的自主学习能力得到锻炼，又节省了教学器具和实验所需要的经费，一举多得，从而可以产生良好的教学效果。另一方面，对于教师而言，教师是将微课应用于实际课堂的最主要、最直接的使用者，这类研究中一部分是来自一线教师根据自己实际教学情况进行的总结归纳，得出研究结果以供其他教师分享学习；另一部分则是来自国内知名专家学者通过采访统计一线教师对于将微课应用于传统课堂所带来的影响和暴露出的不足，上升到更高层次进行总结，追溯起因，得出解决方法。这使得微课可以更好地切合教师职业的需求特性，通过将传统课堂与微课更加合理地融合，来实现未来能够通过微课的视野来提升教师专业能力，使教师也不断成长，不断突破自己。

三、关于微课评价标准的研究

关于微课评价标准方面的研究，目前有两篇比较具有代表性的文章，一篇是桑新民教授在首届全国高校微课颁奖典礼上的发言，文章中，他对首届高校微课大赛进行了详细而又具体的分析，并且在文中提到了有关微课的评价标准方面的内容，他认为科学、完善的评价标准应该在微课开发的初始阶段就确定好，这对后续发展会产生全局性的影响。

另一篇代表性文章是上海师范大学的唐泽发表的《教师微课程作品评价指标体系的建构研究——以李玉平团队微课程开发项目为例》，通过构建专家群问卷进行调查分析，总结了教师微课程评价指标体系的内容、艺术和技术三个一级指标和十五个二级指标及其内涵说明项。

通过分析可以得出微课的评价标准的三个关键点，一是对于不同学科应制定出不同的评价标准，二是增加微课的使用者对微课的评价的权重，三是要从不同层次上细分评价标准。

四、关于微课理论研究的综合分析

通过对相关文献的统计分析可以看出，近年来微课的研究热点主要集中在两个方面，一是微课在传统课堂中的应用，二是微课与新兴教学资源的融合。微课在传统课堂中的应用研究，主要体现在对传统课堂如数学、化学、物理以及信息技术等学科的课堂上进行实际应用的研究，通过实验对现有的传统的教学模式进行反思，通过把短、小、微视频引进课堂，期望能够提升教学效果。而微课与新兴教学资源的融合，主要体现在微课与慕课或网上各类教学微视频等教学资源的利用和融合上。微课与慕课、翻转课堂三者的运用都需要借助网络平台得以实现，彼此之间相互影响相互促进。微课发展相对较早，它为慕课乃至后期翻转课堂教学模式的运用提供了资源、新思路、新方式，将它们合理、科学地融合会给教学带来意想不到的效果，为教学提供更多的便利。

第二节　微课国内外研究现状

微课短小、精悍，是促进教师专业发展的新途径，是时下热门的教育名词，在国内外都处于被集中研究的状态。

一、微课国内研究现状

在不同的理解和定义下，我国多个地区的教学研究人员、一线教师，勇于实践，不断思考反思，不断归纳总结，在实践中成长，也涌现出一大批优秀的课程和案例。

广东省于 2010 年建设了"广东省名师网络课堂"，在认真分析教师和学生应用名师课堂的需求、现实可行性以及应用模式后，确定"名师网络课堂"建设的内容框架为：以重难点、特色理念的微课为主（15分钟以内），完整课例为辅，使名师课例在时间上更容易被教师和学生接受；以精品专题为主要呈现方式，推出"信息化教学专题""精彩导入""合作学习""情境探究教学"等专题，突出资源的针对性，辅以学科系列化的资源呈现，增强资源的应用效益和辐射效应。

2010 年 11 月，"中小学新课程优秀课例片段（微课）征集评选活动"，要求教师在选题设计和拍摄制作视频时针对课堂教学的某个知识点或教学环节，以课堂教学视频（课例片段）为核心内容，同时提交包含与该教学主题相关的教学设计、素材课件、教学反思、练习测试及学生反馈、教师点评等教学支持资源。短短三个月的征集期间就收到近千位教师提交的各类参赛微课作品 1700 多节。2012 年 3 月，第二届中小学教师微课作品大赛，在研究实践中不断完善微课的定义、内涵、组成、分类、特点、建设途径和流程、应用方式；从学校和区域层面统筹微课的设计、开发和应用等多个核心环节，并进行整体研究、系统思考和顶层设计；与广州市远程教育中心联合开发，集上报、管理、点播、交流、研讨、共享等功能于一体的"一站式"区域性微课管理平台，已在实践应用中产生了良好的效益。胡铁生老师主持的研究课题"中小学微课学习资源的设计、开发与应用研究"被立项为全国教育信息技术研究"十二五"规划重点课题。

2010 年，天津市普通高中选修课程"空中课堂"项目实现了向小学拓展。其中"习字与书法"网络微课程时长在 15 分钟左右，符合学生学习心理，既适用于学生的个性化学习，又有利于基于班级授课模式下的集体学习和巩固练习。2010 年秋季至 2012 年春季，天津市小学阶段"习字与书法"网络微课程成功录制、上线发布、推广应用，有效弥补了小学书法师资数量不足、质量不高的问题，取得了良好的社会效益。张宝君老师主持的"天津市小学'习字与书法'网络微课程资源的建设与应用研究"被立项为全国教育信息技术研究"十二五"规划2012年度专项课题，其目标是建设一至六年级12个学期192条"习字与书法"网络微课程并推广应用，提高学生、教师、家长的写字能力和鉴赏能力，传承中华优秀传统文化。

内蒙古鄂尔多斯市东胜区教研中心的李玉平老师长期坚持教学研究，他带领许多地方的中小学教师开展教学策略的深层次研究，并充分利用信息技术开展微课程设计，他在博客中提供了很多样例，设计了微课程的开发指南，其中对不同类型微课程的课程结构、评价标准、设计策略、开发步骤进行了定义，并提供了相应的设计模板，对于推动中小学教师通过微课程进行教学和研究起到了重要的导向和引领作用。

21世纪是以"信息化"为特征的知识经济时代，全民教育、优质教育、个性化学习和终身学习已成为信息时代教育发展的重要特征。学校教育作为形成正确价值观念、传递科学知识、培养专业技能的主要场所和途径之一，其知识的获取途径、学习资源的类型、教师的教学方式、学生的学习方式、师生的互动方式等方面正在发生着巨大的变化。国内著名的微课实践研究者——佛山市教育信息中心教师胡铁生先生认为，"微课是按照新课程标准及教学实践要求，以教学视频为主要载体，反映教师在课堂教学过程中针对某个知识点或教学环节而开展教与学活动的各种教学资源的有机组合"。

二、微课国外研究

在国外的研究中，美国阿依华大学附属学校于1960年首先提出微课（Minicourse），也可称为短期课程或课程单元；新加坡教育部于1998年实施的MicroLESSONS研究项目，涉及多门课程领域，其主要目的是培训教师构建微课，重视学习情境、资源、活动的创设，为学生提供有效的学习框架，同时也为教师提供一系列支持，帮助其进行具体的教学设计；2004年7月，英国启动教师电视频道，每个节目视频时长15分钟,频道开播后得到教师的普遍认可;2008 年秋,美国新墨西哥州圣胡安学院的"一分钟教授"戴维·彭罗斯因首创了影响广泛的"一分钟的微视频"的"微课程"而声名远播,其核心理念是要求教师把教学内容与教学目标紧密地联系起来,以产生一种"更加聚焦的学习体验"。可以看出,国外很早就有多个国家对微课进行研究。

信息技术视角的微课程指的是"运用计算机通信技术(ICT)来达到特定目标的小教学材料"。这种类型的微课程我们可以称之为"信息化微课程"。从已有的文献资料来看,信息化微课程最早源于新加坡。1997 年,新加坡教育部发起了教育 IT 主体计划(Masterplan for IT in Education)。新加坡教育部共投资了 20 亿新加坡元进行学校和信息技术的整合。作为新加坡唯一一所教师培训社会机构的 NIE(National Institute of Education)于 1998 年开始进行微课程研究项目,其主要目的是培训教师使之可以建构微课程。

第三节 关于微课程概念的研究

微课是现代课程中的一种形态,由美国依阿华大学附属学校于 1960 年首先开创,20 世纪 80 年代末 90 年代初引入我国。近年来,我国对于微课的理论研究和实践探索日趋广泛,但梳理有关文献却不难发现,不同研究者对于微课程有不同的理解。换言之,不同人同样使用微课这一概念,但所指向的课程实践并不相同。对于微课的不同理解将导致不同的课程开发实践,因此,有必要对微课这一概念进行辨析,以促进研究者和实践工作者更全面、准确地把握微课的内涵与外延。

当前,对于微课程内涵的界定主要有三种不同的视角:学科视角、校本课程开发视角和信息技术视角。不同的视角对微课程内涵有不同的界定,所指向的课程问题和课程实践也不尽相同。

一、学科视角的微课程：学科的"课程补丁"

学科视角的微课程所指的是"将一门教学科目根据内容分解成一系列相对独立、完整的单元群，每个单元突出一个中心内容或专门主题"。这种界定最能体现美国早期开发的微课程的特点，我们可以称之为"学科微课程"。需要注意的是，这里所指的"单元"区别于我国学科教材组织中用于内容分解的"单元"，它不是根据学科的知识逻辑和体系来划分，而是根据教师和学生的兴趣以及主体社会活动的经验、社会发展的需求来编订，也称为专题。

学科微课程的倡导与开发针对的课程问题主要是长期性的学科课程存在一些弊端（如长期课程开发周期长容易造成知识滞后，长期课程注重知识的系统性和完整性，最新的文化知识不能及时纳入课程知识体系等），以便更好地发挥学科课程在知识传递等方面的功能。

学科微课程开发的目的在于充当"课程补丁"，弥补学科逻辑脱环或跳环之处，及时吸收最新的文化知识和科技成果，反映时代精神，回应社会发展出现的新问题，增强学生学习兴趣，满足学生多样化的学习需要，拓展学科内容学习的深度和广度。如一位初三语文教师在教学写作时，发现学生普遍有畏难情绪，他经过观察访谈，了解了学生学习基础、学习能力、认知特点等情况；并通过简化的调查问卷，了解了学生的具体学习需求，在此基础上开设了以影视评论为写作教学载体的微课。

学科微课程开发的主体往往是学科教师，强调的是在学科教学目标、学科知识框架下开发课程，或对学科教学内容进行拓展延伸，或是对学科教学内容进行补充。

二、校本课程开发视角的微课："班级本位"的校本课程

国内有研究者立足校本课程开发视角，对国外微课程开发的经验重新解读加以借鉴，进而创造性地将"微课程开发"的性质定位为"一种特殊的校本课程开发"，将其含义界定为"由教师针对任教班级学生具

体学习需要，所进行的短时（从一节课到半天不等）班级性校本课程开发活动"。这种微课程我们可以称之为"班本微课程"，这种课程的倡导和开发针对的课程问题是目前我国校本课程开发存在维度缺失。研究者对我国校本课程开发实践存在的问题进行反思发现，当前学校对校本课程的定位基本是开发能够在全校范围内展开的课程，即"全校性"校本课程，班级层面的校本课程没有得到应有的重视和相应的开发。这种微课程的界定明确把微课纳入校本课程体系中，班本微课程开发的主体可以是学科教师，也可以是班主任，强调的是课程决策的主要依据是特定班级学生的兴趣、学习需求，班级管理中出现的问题；课程应用的层面和范围是特定班级而不是全校。

三、信息技术视角的微课程：小容量的教学单元

信息技术视角的微课程指的是"运用计算机通信技术（ICT）来达到特定目标的小教学材料"。这种类型的微课程我们可以称之为"信息化微课程"。

信息化微课程的倡导和开发针对的课程问题是促进信息技术与学校课程整合。最早实践这一模式的新加坡微课开发源于这样的事实：教师需要大量基于信息技术的、适合学校课程要求的课程资源，而商业化的资源不能满足他们的需要，因此有必要开发自己的资源，并按照学科领域进行分类。这种课程一般容量很小，持续时间比较短，一般只要一两个学时；教学内容选择范围广，可以涉及不同领域和学科，学生经过课程学习可以获得多方面的发展。早期新加坡开发的微课更重视与学科教学的联系和知识的传递。经过发展后开发的微课程以建构主义学习理论为指导，重视学习情境的创设、学习支架的设计、学习资源的提供以及信息技术对学习的支持。课程目标重视高级思维、团队协作能力、问题解决能力等的培养，课程实施方式包括基于问题的学习、基于案例的学习、基于资源的学习、基于情境的学习、协作学习等。

第三章　微课的基本认知

第一节　微课的内涵理解

随着信息与通信技术（ICT）的迅猛发展，互联网已进入到 Web2.0 的移动互联的"微时代"，微信、微博、微电影、微访谈、微媒体、微学习等"微"概念正在急剧地改变着人们的生活方式、工作方式和学习方式。微课，是一个近几年来继博客、微博、微信等社会性软件之后风靡教育领域的新生事物，已逐渐成为当前我国基础教育信息化资源建设的重点和教育教学改革的研究热点，并伴随着"翻转课堂""电子书包""混合学习"等教学改革项目的开展，受到广大师生的高度关注。

微课，又叫微课程、微讲座，是微型音频或视频网络课程的简称。它以微型教学视频或音频为主要载体，是严格针对某个学科知识点（如重点、难点、疑点、考点等）或某个教学环节（如教学活动、主题、实验、任务等）而设计开发的一种情景化、支持多种学习方式的在线视频课程资源。微课作为网络在线资源的一个组成部分，可以采用网上或面对面的混合教学方式，以 3—5 分钟简短的讲演穿插在各种学习活动中，从而强化课程主题记忆，改变学生的学习体验，突破课程概念的思维定式。

　　微课反映的是按照新课程标准及教学实践要求，以教学视频为主要载体，反映教师在课堂教学过程中针对某个知识点或教学环节而开展教与学活动的各种教学资源有机组合。微课的核心内容是课堂教学视频（课例片段），同时还包含与该教学主题相关的教学设计、素材课件、教学反思、练习测试及学生反馈、教师点评等教学支持资源，它们以一定的结构关系和呈现方式共同营造了一个半结构化、主题突出的资源单元应用"生态环境"。因此，微课既有别于传统单一的教学课例、教学课件、教学设计、教学反思等资源类型，又是在其基础上继承和发展起来的一种新型教学资源。

　　在翻转课堂的教学流程中，微课程是指记录教师给学生讲授课程内容的一段 10 分钟以内的微视频。这段微视频需要与学习单、学生的学习活动流程等结合起来，才是一个完整的微课程；如果离开了学生的学习活动，仅仅是录制的一段教师上课讲授活动的内容，实质是一段视频记录的课堂教学实录，可以作为一段学习材料，没有形成微课程的系统。因此，有关微课程的评价标准，需要包括教师讲授教学内容的微视频，还要包括学习单和学生学习活动的安排。

　　需要特别说明的是，微课主要使用微视频作为记录教师教授知识技能的媒体，教师还可以根据不同学科和不同教学情境的需求，采用其他方式，如音频（录音）、PPT、文本等格式，不一定局限在视频格式。

第二节　微课的产生

　　微课程最早是由美国北爱荷华大学勒劳·麦克罗教授于 1993 年提出的，称为 60 秒课程；之后英国 T.R.Ke 教授提出了一分钟演讲微课程。在此基础上，2008 年秋，美国新墨西哥州圣胡安学院的高级教学设计师戴维·彭罗斯正式提出了微课概念，并用于在线课程学习。戴维认为，微课是灵活运用的在线学习资源，通常针对某一知识点而录制 1—3 分钟的视频课程，其目的就是引导学生阅读或探索课程知识，给学生提供课后自主学习任务，让其随时随地巩固已学知识。微课从那时起开始成为教育技术领域和基础教育领域一线教师热议的对象。

在国内，微课的最早的雏形是微型教学视频（课例片段）。2011年，针对传统40或45分钟的、全程实录式的教学课例制作成本高、交互性差、评审难度大、应用率低下的现状，佛山市教育局在全国率先开展首届全市中小学优秀微型教学视频课例征集活动，要求教师只针对某个知识点或教学环节进行教学设计和拍摄录制课例（同时要求提供相应知识点的教学设计、课件、练习、反思等支持学习资源），参赛的作品同步发布在网上供广大师生家长随时点播、交流和评论，活动的效果出乎意料，广大教师对这种"内容短小、教学价值大、针对性强、数量众多、使用灵活"微课例好评如潮。此后，佛山市连续组织了三届微课作品大赛，并率先开展了基于微课的教学改革研究（如微课与班级教学的整合、翻转课堂、自主学习、小组合作学习、移动学习等），取得了一定的成果，引领了全国微课建设与应用研究的热潮。

面对新课程标准和教学实践要求，教师的工作已经不是简单地把书本上的知识内容教给学生，而是要在教的过程中让学生体会到学习的乐趣，激发学生学习的积极性，而中间所采用的教学方式、方法及手段都是为了达到最后的目的——教会学生学习。

面对这种情况，如何才能吸引学生注意力，如何才能将高深的理论变简单，将简单的问题变有趣？能不能利用零碎的时间短期内完成一次学习？能不能好玩点、有趣点？在这种背景下，微课诞生了。

微课的出现，打破了传统的教学方式，满足学生对不同学科知识点的个性化学习、按需选择学习，既可查漏补缺又能强化巩固知识，是传统课堂学习的一种重要补充和拓展资源。这一形式在学校一经宣传，迅速成为校园的时尚，受到教师和学生的热烈欢迎。

第三节　微课的主要特点

一、教学时间较短

教学视频是微课的核心组成内容。根据中小学生的认知特点和学习规律，微课的时长一般为5—8分钟，最长不宜超过10分钟。因此，相对于传统的40或45分钟的一节课的教学课例来说，微课可以称之为"课例片段"或"微课例"。

二、教学内容较少

相对于较宽泛的传统课堂，微课的问题聚集，主题突出，更适合教师的需要：微课主要是为了突出课堂教学中某个学科知识点（如教学中重点、难点、疑点内容）的教学，或是反映课堂中某个教学环节、教学主题的教与学活动。相对于传统一节课要完成的众多复杂的教学内容，微课的内容更加精简，因此又可以称为"微课堂"。

三、资源容量较小

从大小上来说，微课视频及配套辅助资源的总容量一般在几十兆左右，视频格式须是支持网络在线播放的流媒体格式（如rmvb、wmv、flv等），师生可流畅地在线观摩课例，查看教案、课件等辅助资源，也可灵活方便地将其下载保存到终端设备（如笔记本电脑、手机、MP4等）上实现移动学习、"泛在学习"，同时也非常适合于教师的观摩、评课、反思和研究。

四、资源组成 / 结构 / 构成"情境化"

资源使用方便。微课选取的教学内容一般要求主题突出、指向明确、相对完整。它以教学视频片段为主线"统整"教学设计（包括教案或学案）、课堂教学时使用的多媒体素材和课件、教师课后的教学反思、学生的反馈意见及学科专家的文字点评等相关教学资源，构成了一个主题鲜明、类型多样、结构紧凑的"主题单元资源包"，营造了一个真实的"微教学资源环境"。这使得微课资源具有视频教学案例的特征。广大教师和学生在这种真实的、具体的、典型案例化的教与学情境中可易于实现"隐性知识""默会知识"等高阶思维能力的学习并实现教学观念、技能、风格的模仿、迁移和提升，从而迅速提升教师的课堂教学水平、促进教师的专业成长，提高学生的学业水平。就学校教育而言，微课不仅成为教师和学生的重要教育资源，而且也构成了学校教育教学模式改革的基础。

五、主题突出，内容具体

一个课程就一个主题，一次微课研究的问题来源于教育教学具体实践中的具体问题：或是生活思考，或是教学反思，或是难点突破，或是重点强调，或是学习策略、教学方法、教育教学观点等具体的、真实的学生自身或与同伴可以解决的问题。

六、成果简化，多样传播

因为内容具体、主题突出，所以，微课研究内容容易表达、研究成果容易转化；因为课程容量微小、用时简短，所以，传播形式多样（网络视频、手机传播、微博讨论）。

七、反馈及时，针对性强

由于在较短的时间内集中开展无生上课活动，参加者能及时听到他人对自己教学行为的评价，获得反馈信息，较之常态的听课、评课活动，微课"现炒现卖"，具有即时性。由于是课前的组内预演，人人参与，互相学习，互相帮助，共同提高，在一定程度上减轻了教师的心理压力，不会担心教学的失败，不会顾虑评价的"得罪人"，较之常态的评课就会更加客观。

第四节 微课的录制方式

微课可以使用手机、数码相机、DV 等摄像设备拍摄和录制，也可以使用录屏软件录制音频或视频。

（1）微课保证画质清晰，视频中有作者本人头像或画面；文字内容正确无误，无科学性、政策性错误；声音清楚，语言通俗易懂、深入浅出、详略得当，讲解精练。录制时调整电脑分辨率为 1024×768，颜色位数为 16 位。PPT 尽量做到简洁、美观大方。（尽可能使文件体量较小，易于传输）

（2）时间尽量控制在五分钟以内。

（3）内容精练，在五分钟内讲解透彻，不泛泛而谈，若内容较多，建议制作系列微课。

（4）在编写微课内容时，基于教学设计思想，完全一对一地"启惑""解惑"。

（5）微课在内容、文字、图片、语言等上须正确无误。

（6）微课讲解时，教师要声音响亮，语言通俗易懂、深入浅出、详略得当，不出现"你们""大家""同学们"等大众受众式用语。

（7）若在讲解中使用果件，课件要有视觉美感（建议 PPT 尽量采用单色，突出简洁之美）。

（8）视频画质清晰。

（9）建议能看到教师头像。"PPT+视频"的录制模式下，头像不遮挡教学内容。要有片头片尾，显示标题、作者、单位等信息。

（10）视频格式为：Flv、Mp4，视频尺寸为：640×480 或 320×240。音频格式有：AAC（.ac，.m4a，and.f4a），MP3，andVorbis（.oggand.oga）。

（11）微课片头显示课程主题。微课适用对象及微课所属学科、教材、单元、知识点等信息，微课标题以知识点命名。

（12）微课选题得当，具有针对性，适合于多媒体表达，避免"黑板搬家"现象。选题应围绕日常教学或学习中的典型、有代表性或课堂教学过程中难以用传统方式解决的问题进行设计。

（13）微课基于教学设计思想，围绕选题设计，突出重点、难点；教学目的明确，教学思路清晰，教学组织符合学习者的认知规律；教学过程主线清晰、重点突出，逻辑性强，明了易懂；具有针对性地解惑、启惑，能够有效解决教学过程中的重点、难点、疑点等问题，同时调动学习者学习的主动性。

第五节　微课程的应用价值

微课程应时而生，是课程体系进一步发展的要求，也是学生全面发展的需要。对其进行价值性讨论，是为了能够让更多的社会人士去关注它的发展，开创更多符合现代化社会需求的微课。

一、学生层面

微课以学生为本，是学生全面发展的题中之义。微课的设置不以知识的逻辑性、系统性为出发点，而是强调学生自身的实际需求、能力、经验以及兴趣，是为学生专门量身定制的课程类型，充分考虑了"人"的因素。教师可以根据学生的思维发展特点，差异性需求设置相应的微课，例如中国传统文化赏析、世界音乐鉴赏、手工制作等，陶冶学生的艺术情操，提升学生的知识素养，全方面地开发学生的多元智能，培养德、智、体、美、劳全面发展的高素质人才。此外，微课注重对学生实践能力、问题解决能力、创新能力的培养，符合素质教育的要求。较之于全国性课程、地方性课程以及校本课程，微课更能满足学生的个性化需求，促进学生的全面发展。

二、教师层面

微课程能有效弥补教师课程权力的结构性缺失。在三级课程编制管理体制下，教师拥有了自主开发校本课程的权利，但在整个校本课程编制的过程中，教师仅仅是在课程实施层面有了一定的自主权，而在课程决策、课程设计以及课程评价等层面的发言权没有得到充分的利用和保障，仍然处于缺失状态。微课程便能够很好地赋予教师更完整的课程权利，包括课程设计、课程实施、课程开发、课程评价以及课程研究等权利。每一位教师作为课程开发主体，都能够根据所任班级的实际情况、自身的专业水平开发班级本位的微课，参与从课程决策到课程评价的整个开发过程。在微课开发的过程中，教师的课程开发意识会得到相应的强化，课程开发的能力也会得到一定的提升。

三、校本层面

微课程具有重大的校本意义，是促进校本课程有效开发的重要手段。微课程作为校本课程的一种独特形式，能够真正体现校本课程开发的核心价值。校本课程开发与实施的核心价值在于"以学生为本、促进学生的持续发展"，短小精悍、灵活多样的微课程更能够从本质上关注学生的持续发展、生存质量和个人利益，它不仅仅以教师的能力，学生的内在需要、兴趣为依据进行课程编制，而且能够随学生的需要、兴趣爱好、意向的转变而及时调整，快速适应。微课程的内容选择范围广阔，可以根据不同学科、不同领域的主题进行课程构建，为学生的学习提供了更丰富多样的选择，从而有利于开阔学生的视野，激发学生学习的内在动力，提高学生学习效率与学习质量。此外，微课可以让教师充分展现自己的专业能力和自身特长，只有高效地、积极地参与校本课程开发，才能够从真正意义上实现校本课程的目标。

第六节　微课程的校本意义

微课程虽然"微小"，但它在课程发展方面拥有"巨大"的潜力与作用。美国课程专家在 1970 年代末期通过全国范围的调查后，列出了微课程的五十多种作用。其中，主要作用有以下几种：在课程安排上有更多的变化，可充分利用和发挥每个教师的专长和能力，为课程实验提供更多机会，为学生提供更多选择和投入的机会，扩大社区的参与程度等。

显然，在以上列举的主要作用中，几乎每项都是校本课程开发与实施所要发挥的作用或达成的目标，而微课程与校本课程也几乎是同时兴起的，且都是由教师在学校基础上、依据学生兴趣与需求自主开发的课程。可见，微课程与校本课程之间具有天然的联系，微课实质上就是校本课程的一种独特形式，具有重大的校本意义。

一、微课程能够真正实现校本课程开发的核心价值

校本课程开发与实施的核心价值在于"以学生为本、促进学生的持续发展"，正如有学者所说的："课程开发活动不是单纯为课程发展、教师发展、学校发展而存在，其终极利益是'学生持续发展'。课程开发在本质上需要'以学生为出发点'，关注学生的生存问题，提高学生的生存质量，消除学生学习倦怠，提升学生持续学习能力。"

以学生为本的课程开发，要求从学生的兴趣、经验、意向、能力、需要出发，设计开发符合学生利益的课程。在这一点上，与统一性有余而灵活性与适切性不足的长期课程相比，短小精悍、灵活多样的微课程具有得天独厚的优势。首先，长期课程主要是依据学科知识内在的逻辑性、系统性要求来编制的，基本是以学科为本位的，它的大容量、高要求与严密性既为学生打下扎实的基础，也因其长时性、单一性、固定性、不易转换性而难以适应不同学生的兴趣与需要，甚至导致被动记诵、学习倦怠的弊端。而微课程不仅是以教师能力与学生兴趣、需求为出发点来编制的，且可随学生需要与兴趣的转变及时调整与转换，是为"人"量身定制的，因而可以真正体现"以人为本"。其次，微课内容的选择范围极其宽广，可以依据不同的主题大量构建、开设，进而形成

一个琳琅满目、各具特色的"课程超市"，给学生提供丰富多样的选择空间与自由，使学生的兴趣满足与个性特长的发展得到充分的保证。

二、微课程能够促进校本课程开发的成功

微课程理念打破了传统课程过于强调整体性、系统性、全面性的局面，使课程不再仅仅成为概念、原理、公式、定理、时间、人物、事实与观点等的填充物，也不再让这种大容量的、面面俱到的"涵盖性课程"来完全充塞学生的时间与头脑。微课程之"短""小"，使其易于设计与实施，一个主题班会的设计，一次讲座的开设，都可视为微课程的开发，这不仅可以消解教师因对课程开发缺乏必要的认识、经验、知识与能力而产生的畏难负重、抗拒与怕担风险等心理障碍，化解教师因日常教学任务繁重而无暇、无力参与课程开发的困局，也让教师不用花费太多时间与精力，就可在"短平快"的成效中体验成功的喜悦，从而唤醒其课程开发的意识，增强其参与课程开发的信心和意愿；微课程之"精""活"，不仅可以拓展学生的视野、激发学生学习的兴趣、提高学生学习的效率，也使教师在求精、求新、求活中，能以深入的探究与独到的视角来展现自己的专业特长与研究成果，以广泛的涉猎及对知识、信息与时代的动态把握、精选细作来体现课程的多样性与活力、增强课程的"含金量"，并在此过程中不断发展与提升自己的课程开发能力，成为真正的课程开发者。

总之，学生是有不同的需要、兴趣、特长、经历及发展意愿和发展方向的，因而无视学生个性发展需要的课程是不能让学生真正接受的，当然也无法转化为学生内在的知识、能力与品性等基本素养，最终导致课程预期目标无法达成。教师是校本课程开发的主体，只有教师能够积极地、高效地参与校本课程开发，校本课程开发才能获得真正的成功。因此，微课在学生个性发展以及教师参与校本课程开发方面具有独特的校本意义与价值。

第四章　微课程的开发与应用

第一节　微课的设计原则

一、系统性原则

目前微课设计系统规划，要具有以体现微课设计的整体性，有利于学生的系统化学习。

二、聚焦性原则

微课具有"短小精悍"的特点，一方面时间短，有利于学生集中注意力；另一方面内容精练，主题突出。设计时要尽量保证知识点比较集中，与教学核心素养点相对应，这样才能激发学生的学习兴趣，更好地发挥教学微课的教学效果。

三、情境性原则

一方面，教学核心素养需要在一定的教学情境中才能体现出来；另一方面，微课是将精心设计过的教学资源通过信息技术转化成教学内容，构成情境化的"教学资源"，构建出"微教学资源环境"。

四、主体性原则

微课最终是为了学生的发展，而学生在学习中占主体地位，因此在设计微课的时候要坚持主体性原则，关注学生的发展与需要，培养学生的主动性和能动性，实现学生的全面发展。

五、交互性原则

微课是信息技术发展下所产生的新的学习方式，虽然它与传统的学习方式有所不同，但是它的本质属性仍是"课程"。"从课程的视角来看，课程开发不仅包括外部技术环境要素，还包括教师、学生、教材等中心要素，四个要素间持续的相互作用才能构成稳定的课程'生态系统'。"坚持交互性原则，就是一方面在设计微课时保持四大要素之间的平衡；另一方面就是微课在应用于教学时，要注重与学生之间的交流，调动学生的积极性。通过这两个方面的配合，才能做到交互平衡。

第二节　校本微课程开发的策略

微课程的"微小"，并不意味着它是可以任意设置与随意处置的、无关紧要的"小部件"，微课程同其他课程一样，应具有一定的计划水准、实施水准和结果水准，必须依据学校的培养目标和教育目的，使之成为对受教育者的健全发展施加影响的教育教学活动的一部分。以学校为本位的微课开发，对于教师而言，虽然较为容易驾驭，但也需要具备娴熟的课程开发的技能技巧，还需把握微课程开发的要领，严格遵循校本课程开发的一般原则与程序，以达成微课程开发的目标；对于学校而言，则应把它作为学校课程的重要组成部分纳入学校的课程体系中，要重视微课程的规划、组织与管理工作，使其既能以专题学习与活动的方式灵活展开，又不至于陷入以往各种专题讲座、兴趣小组、课外活动等流于随意性、形式化、有始无终的结局，真正达成微课在促进学生知识、能力与情感等综合素质全面发展方面的目标。限于篇幅，本节主要从微课的要素与教师自主构建微课的能力两个方面来谈谈校本微课开发的策略。

一、明确微课程的要素

微课程的要素是微课程设计与开发的基础。根据微课程的内涵、特点及其实施要求，笔者认为，微课程主要包括主题、目标、计划、实施与评价五个要素。

（一）主题

主题是微课程的核心要素。微课程实际上就是根据不同的主题而构建起来的。只有确定了主题，才能更好地进行课程的内容选择及其组织实施。主题的确定依据有四：一是学生的兴趣、需要、经验、学识水平与能力等情况；二是学科教学或综合实践活动的要求；三是社会发展需求；四是教师能力、经验与专业特长或研究志趣。

（二）目标

根据微课程容量小、时间短的特点，其目标不能太多，一般只需确定两三个目标即可，陈述要具体、清晰、切合实际，以便把握和操作。同时，应把目标确立的重点放在面向学生生活、满足学生兴趣与需要、拓宽学生视野、提高教学吸引力与效率、培养学生实践能力、发展学生健全人格等方面，以有效发挥微课程的独特作用。

（三）计划

教师在实施微课程之前必须作好周密的开发与实施计划，具体包括学生需要的诊断、主题的提炼、形式的选择、时间的安排、资源的分析（如经费状况、场地设备、人员情况、书刊资料、网络资源、社区与家长支持等）、弹性课程表的制作、运行流程的设计等方面，以保证微课程的实施质量。

（四）实施

目前，微课程的实施主要有五种模式，教师可以根据情况选择其中的某种模式或综合运用各种模式。

1. 基于问题的学习。

为学生提供开放性的问题，要求他们查找帮助解决问题的信息，或提出问题的可行解决方案，以培养学生良好的探究习惯和思维技巧与能力。

2. 基于案例的学习

为学生提供定义良好的问题或脚本，使他们为了进一步提出可能的方案而去搜索信息，或在案例的启迪下，增强学习的迁移效应。

3. 基于资源的学习

在必要的资源供给、支撑与导航下，学生通过查找、阅读、分析大量的书刊、网络与音像等资料，更好地理解面临的任务，并运用各种工具与模板（如 Excel 电子制表、活动板、图表以及概念图等）探寻解决问题的途径与方法。这个步骤可以作为基于问题的学习或基于案例的学习的一部分。

4. 基于情境的学习

在所学知识与技能的真实、应用或模拟情境中，让学生身临其境地学习与运用知识，以加深对知识与技能的理解与掌握。这种学习是动态的、交互的、不断变化的，可以充分体现校本课程的生成性特点。

5. 基于合作的学习

学生以同伴或小组的形式学习，即将任务分配到小组里每个人，每个学生负责一部分不同的工作，然后大家一起交流、分享各自的体验与成果，提出面临的问题或困境，进而合作完成整个任务。

（五）评价

微课程的内容是丰富深广的，活动形式是灵活多样的，成果呈现方式也是多姿多彩的（如文字材料、实物作品、音像资料、电脑制作材料等都可作为微课程的成果予以展现），因而也就决定了其评价的多元化。多元的评价，必须打破传统的纸笔测验、"分数挂帅"的评价模式，实现评价标准、手段与方式的多元性，让教师与学生在多元评价的导向与激励中，更好地发挥自己的自主性、积极性与创造性，得到充分自由的发展。

1. 注重教师自主构建微课程能力的训练与提升

教师自主构建微课程的能力，除了扎实的课程理论知识外，更主要体现在具有完善的课程开发的实践技能方面，如沟通与协作的技能、挖掘利用课程资源的技能、诊断学生需要与指导学生学习的技能、提炼主题与构建专题学习和活动的技能、确立课程目标与组织课程内容的技能、设计课程实施（教学）模式的技能以及进行有效的课程评价的技能等。教师自主构建微课程能力的养成与提升，需要通过多种途径与方式、经过专门的培养训练才能实现，但最关键的是让教师实实在在地"做"课程，在"做"中学习与发展。

2. 微课程的"做"中学

对于教师而言，他们要以微课程的理念统领自己的校本课程开发工作，充分利用微课程短小精悍、容易驾驭的特点与优势，根据学生兴趣与需求、学科与社会发展动态与需要以及自身的专业特长，努力尝试开发与实施各种微课程，在实实在在地"做"的过程中，进行课程的行动研究，也借此锻炼与提升自主构建微课程的能力。此外，我们应吸取以往经验，充分利用信息技术，通过建立微课程开发的指导方针、提供开发微课程的资金与技术支持、制作微课程原型、设计与开发微课程评价工具以及实施微课程开发技能培训等方式，积极鼓励与支持、有效指导与推进教师参与微课程开发，使教师通过自主开发实践，不断积累经验，提高能力，获得发展，并最终促成微课程开发的成功。

二、微课资源构成

微课程的资源基本构成可以用"非常1+4"来概括。"1"是微课的最核心资源：一段精彩的教学视频（一般为5分钟左右，最长不宜超过10分钟），这段视频应能集中反映教师针对某个知识点、具体问题或教学环节而开展的精彩教与学活动过程，教学形式和教学活动地点可以多样化（不一定局限在教室或课堂上）；"4"是要提供四个与这段教学视频（知识点）相配套的、密切相关的教与学辅助资源，即微教案（或微学案）、微课件（或微学件）、微练习（或微思考）、微反思（或微反馈），这些资源以一定的结构关系和网页的呈现方式"营造"了一个半开放的、相对完整的、交互性良好的教与学应用生态环境。

三、微课程的开发路径

建构主义认为教育教学本质上是以知识建构为核心，是为其创设良好环境与支撑的过程。建构主义课程实施要以学生为中心、以学习活动为中心、以学生主动性的知识建构为中心，旨在为学习者进行知识建构创设一种具有情境性与协作性的互动环境。所以从微课程的实施来看，建构主义强调要为学习者创造一种有助于其知识建构的情境。首先，通过创设特定的学习情境，激活学习者的问题意识，形成学习任务，促进学习活动的开展，促使学习者新旧经验的相互作用，从而导致认知结构的改组或重建；其次，鼓励学习者的自主探索，寻找问题解决的思路、途径和方法并完成学习任务；再次，在教师的指导下进行协作学习，各自发表观点、思路和方法，并通过社会协商的方式使群体的智慧为每一位成员所共享；此外，对学习效果进行评价，包括学生个体的自我评价以及学习小组对每个成员的评价，且这种评价具有开放性、多元性和过程性。教师作为微课程的实施主体，还应该探索多种科学合理的教学方法和手段，教学活动也应该多样化，不局限于学校课堂，也可贴近学生生活，这样才有助于调动学习者在微课程实施过程中的积极性和主体性，促进他们对课程单元或专题的深入思考，从而达到对当前所学知识的意义建构的目的。

（一）微课程目标的确定

就课程目标价值取向而言，建构主义课程观注重课程目标的"生成—表现性"，是指在教育情境中随着不同问题的不断解决而生成的与教师和学生个体的主观价值紧密相连的目标，其特点是强调目标的"非终极性"和与参与者个性紧密相关的"个体性"。微课程的目标要强调过程性，尽量注重学生在具体教育情境中的主体性和个性化表现，彰显目标的"生成—表现性"价值取向。此外，鉴于微课自身的特点，课程目标务必要小而具体、详细且集中，把学生放在具体的问题情境中，鼓励其发挥主观能动性，寻求问题解决方法的多样性，注重他们在问题解决过程中的真实感受和体验。微课程目标也应该是开放的，动态的，可扩展的，没有必要局限于用某一统一的标准来衡量，而是可以根据具体的教学情境、学习进度进行相应的调整和转变，更关键的是要考虑到学生的实际学习能力和内在的差异性需要，依据学生不同的身心发展阶段，不同学生的内在需求，制定与之相符的微课目标。

（二）微课程内容的选择与组织

建构主义认为，知识不是通过教师传授得到，而是学习者在一定的情境即社会文化背景下，借助学习时获取知识的过程中其他人（包括教师和学习伙伴）的帮助，利用必要的学习资料，通过意义建构的方式而获得。建构主义课程规则认为课程的内容是在具体情境中，从发现问题到解决问题，再到发现新的问题、解决新的问题的过程中构建而成的，具有意义建构性。因此，微课程内容的构建应该与学习者的个人需要紧密结合，注重学习者原有的经验和兴趣，充分调动学习者的积极性和主动性，增强学生在实际情境中的问题解决能力，有效地提高学生的学习效率。由于微课程短、小、精、活的特点，课程内容的选择与组织要在课程目标的基础上，明确课程的主题或单元，内容的选择务必"少而精"，具体且集中，并与学校、教师、学生经验紧密相连，不脱离社会以及个体的实际需求。例如，可以选择日常生活中师生均感兴趣的话题或热点问题作为单元内容，然后根据学生的年龄特点、认知能力以及教师自身的专业素质进行相应的微课程设计；或是教师根据学校教材内容，设计不同的专题和单元，开发微课程以拓展延伸教学内容。

四、微课程的设计与整合

微课程作为一种新兴的课程形态，不同研究者从不同角度给出了不同定义。微课程发展的本质是课程文化走向"学习为本"。目前，微课程开发存在三种模式：微课程的校本模式、信息化模式和整合（混合）模式。校本模式立足于学校层面的课程开发，信息化模式注重运用信息技术手段建构交互的学习环境，整合模式则重视翻转学习与其他学习方式的整合创新。微课程开发的国内外研究与实践表明：传统的学习文化变革将实现多种学习方式的交互。微课程在丰富泛在学习的课程资源、促进教师专业发展、扩大成人继续教育、促进学校课程特色化、建构网络学习共同体、实现个性化学习等方面具有巨大的应用价值。

（一）微课设计的基本步骤

①筹划某门课程有哪些连贯的内容可以进行微课设计与开发；②撰写系列化的微课设计脚本，提出系列微课设计与开发的逻辑结构图；③利用一切可以使用的信息技术手段和各种方法，设计开发一个个微课，并使用一定的链接技术，使系列微课成为既可以拼接又可以拆分的组件式课程；④将开发好的微课程依据一定媒介环境进行应用实验，利用网络平台实现翻转教学的探索；⑤选择典型个案教师作为研究对象（也可以是自己），在利用微课视频的教学过程中，设计好行动方案，开展行动研究，收集实验相关数据，最后进行效果检验；⑥对已形成的微课开发与实施的方案和结果进行评估，提出微课融入常规课堂教学的有效策略。

（二）微课程的内容设计

①教学内容的选择。微课程首要解决的问题是如何将知识点进行合理切割，即知识点微型化处理。内容选择应主题鲜明，不追求内容的系统化覆盖，而是依据"微目标"的标准和最小粒度原则，选择短小精悍且自有的知识点材料。②教学内容的微型化处理。可采用微内容结构脚本进行知识点的切割处理：将传统教学中一个整体教学内容分割成"主题—话题—学习对象"三个部分，并将最终视频设计与制作落在学习对象模块上，其中，一个学习对象承载一个单独的知识点。制作视频时，应以学习对象的具体知识点为单位，必要时可根据实际情况对学习对象进行适当组合。

（三）微课的媒体设计

合理运用视听媒体技术。①课堂实录型视频。要求教师合理把握教学内容导入节奏，拍摄时宜多采用教师以及黑板（投影屏幕）的中近景景别，以避免学习者注意力的分散；字幕的强调和提示功能要做到言简意赅；镜头调度应更准确，做到意有所指而不是做毫无意义的推拉变化。②内容演示型视频。对于制作演示型微课程，目前，教师常采用"屏幕录制软件（如 Camta Gsia Studio）+PPT"的组合方式。这要求教师明确录制重点应凸显学习的内容，例如，习题类或者操作类的，特别要重视解题演示或操作细节与讲解声音同步，为防止教师形象干扰认知，可采用画外音等形式，但音质一定要清晰饱满，语调也要富有启发性。③画面。画面在一个视频中是最重要的元素，是观众与视频的交互过程中的主要表现形式。这就意味着画面的设计在一部视频中起着十分重要的作用。微课是以视频的方式呈现给学习者的。如果开发者只注重教学过程上的设计，而忽略了画面的美感，那么教学设计再完美，也无法将微课以美的形式呈现给学习者。质量欠佳的画面不仅降低了微课的质量，也可能会影响学习者的学习兴趣，从而降低学习者的学习质量。④声音。在讲授过程中，无论是人声，还是音乐的声音，都需要加以重视。首先，教师在讲授过程中尽量保证声音的圆润饱满，以及语言的标准流畅，语速适中。其次，在背景音乐的选择上，尽量使用轻音乐，音乐风格安静或轻松，避免使用喧闹或过于欢快的音乐；在音量上，务必低于人声，不要与人声的音量过于接近，以防对学习者的学习质量造成影响。最后，可以适当地在微课的场景中添加一些环境音，为学习者营造一种较为真实的氛围。⑤效果。效果是技术手段在微课中的体现，可包含动画效果、三维建模等一系列技术的运用。⑥特色。一节微课，或者是一个系列微课，都应该体现出自身的特色。特色可以体现在方方面面，如教学环节、教学模式的设计，专属标志（LOGO）设计等。开发者应使一节微课拥有自己的特色，塑造出自己的特点。

（四）微课的可用性设计

在微课设计中，应加强视频的艺术表现力和情境感染力，应始终重视用户体验，把学习者需求放在首位。在制作过程中，教师要思考如何更好地获取学习者的注意力，创设丰富多样和自由快乐的学习体验。微课作为由技术专家、计算机公司与教师共同开发的教学技术产品，在设计和开发时，可从三个层次来考虑：①在本能水平的设计上，应考虑视觉外观、听觉感受，给用户提供优美舒适的体验；②在行为水平的设计上，除了考虑课程的效用外，还应该考虑学习者对微课设计的理解，即如何设计教学过程才能使学习者获得连续而有起伏的情感体验和及时的认知反馈。③在反思水平的设计中，则应该作好反馈和评价设计，使学习者能自我强化对知识点的记忆，并获得良好的情感驻留，从而实现自我反思、自我评估、自主管理和自主改进。

总之，微课的设计应包括以下几个方面：精选的课题与素材，精简的教学设计思路，精练的教学内容与过程，精致的教学表达方式。精选的教学内容，突出学习主题；精简的教学环节，突出学生活动；精练的教学主题，突出思维引导；精致的教学亮点，突出专业功底。微课是一节教学环节完整、教学要素齐备的浓缩版的常规课。

第三节　微课程的教学价值

基于虚拟技术和信息通信技术而开发的微课在教育教学中具有越来越重要的应用价值。归纳相关研究，其应用价值主要体现在：

一、开发的微课可用于课前预习或课后巩固，提供更个性化的学习方式

随着现代社会学习媒体技术的发展，学习时间越来越碎片化，学习走向移动化、泛在化、智慧化，这也延伸出新的教学方法——翻转学习。翻转学习是一种教育者在学科教学中指导学生使用概念和开展活动时，将教学指导从小组学习空间向个体学习空间拓展而建构出动态的、交互的学习环境的教学方法。

2013年，新加坡管理大学教师针对一个有46名本科生的班级，在信息系统课程中实施了一项基于翻转课堂教学法的微课教学实验研究。他将事前录制好的微课视频发布到网上，要求学生每次课前必须观看微课视频录像，并完成教师提供的自测题（系统会自动生成自测结果）。课程结束前，教师对参加实验的学生进行了问卷调查，46名学生中有37人提交了问卷。调查结果显示：100%的学生对基于翻转课堂的微课教学使用了"很有效""很有帮助""能提高学习效率"等词汇进行了积极正向的评价。学生反馈自己在课堂上有更多时间和机会与自己结对的同伴一起进行实操训练；程度差但勤奋的学生也很喜欢微课，因为课前学习使他们在课上能有同样的实力来与自己的伙伴一起进行实操训练。对于进度超前的学生，学生反馈希望教师提供额外的微课视频为拓展学习提供帮助。可见，作为交互学习环境创设的课程资源——微课具有学习难度小、内容聚焦、终端载体多样化和使用便捷等特性，在运用于虚拟课堂时，可以通过翻转课堂整合多种教学方法，这有助于减轻教师授课的压力，也能使教师从烦琐重复性教学中获得解放，从而能将更多的时间和精力投入到与学生发展密切相关的指导中，如与人交往、生涯规划

等其他方面。

二、系列微课可以丰富泛在学习资源，促进学校课程特色化和教师专业化

微课既可作为课例或教学资源使用在常规课堂中，也可作为区域信息化教育教学资源，通过资源共享，为各级各类教师提供有效的教学资源，使得教育教学变得更方便、快捷和高效。传统的多媒体课件内容覆盖面广，知识系统性强，学习时间长，需要投入大量时间与精力进行开发。而且传统的课件或网络课程，需要复杂的计算机编程技术，技术门槛高，教师开发课程难度大。而微课技术门槛较低，通常以视频演示的形式进行制作，不需要脚本编辑，其开发工具与表现形式多样化、简易化，教师通过简单的培训便可制作出适合于自己教学的微课。其不必浪费过多时间学习复杂的软件开发技术，同时也提高了教师参与微课设计和制作的热情，促进了教师专业化的信息化水平。教师共同体合作进行微课开发也有助于实现学校课程的特色化。

三、微课可用于成人继续教育，既减少教学二次成本，又使工作学习两不误

微课资源构成具有可视化、课程短的特点，可以运用于移动学习，非常符合成人因兼顾工作而无法抽出完整时间进行学习的特点。大范围的成人继续教育中，同一课程可以使用同一套系列微课作为培训课程，也可根据需要进行组合。这样，既可减少培训者因多次单调重复教授同一内容而带来的厌恶情绪，也可减少重复教学的成本。当然，这并不是说教师可以被微课代替，相反，正是因为有了网络微课，教师可腾出更多时间来进行更富于创造性的劳动。随着全球范围内知识的分布渠道的快速扩展，学习也更趋庆分布式、移动化和个性化。当前，国内一些远程教育机构和高校继续教育学院已陆续开通移动学习平台，为学习者提

供微型学习资源。这说明，微课在未来的在线成人继续教育中具有广阔的应用前景。

四、微课可用于各级各类、职前职后的教师专业发展培训上，有利于实现教学研训一体化

微课最初产生于训练职前教师的微格教学中的视频录制。但当时由于技术条件限制，微格训练的微视频没能产生一定的网络聚集效应，结果是其巨大价值被人们所忽视。在今天，互联网和云技术为微课程建设提供了有效的运行环境，使得基于微视频课程的教学、研讨和培训更具灵活性、针对性和适切性。微视频的资源粒度小且更具指向性和目标性，易于作为培训案例。远程培训可以基于微课资源，形成灵活有效的培训方案，实现现场实训、在线视频学习、多方多维研讨（现场研讨、线上研讨、线下研讨、混合研讨）的课堂互动，提高课程资源的使用率，提高受训者的积极性和培训的质量，同时也能节省人员培训往来的时间、空间成本。

五、微课可作为泛在学习资源，为虚拟社区学研共同体提供新的学习方式和交流方式

基于网络的微课资源平台可以实现虚拟现实与现实情景的交互，它将成为由教师、学生、管理者和家长等共同组成的学研共同体在教学研讨、备课交流、作业辅导、生活指导方面的有效助手。随着虚拟社区的不断发展，学研共同体将形成新的学习、工作、生活和娱乐一体化的整合模式。伴随着我国对虚拟社区网络结构与网络教育效果研究的不断深入，网络教育技术将更有效地指导虚拟学习社区的教学实践，强化和改善虚拟学习社区的网络教育效果。目前，学习模式改革正在走向班级差异化教学、小组合作研究性学习、个人兴趣拓展学习、网众互动生成性学习等模式。微课作为信息化的教学资源、翻转课堂的自学资源、个

体差异学习和自步调学习的支持性资源等，为教师和学生提供了学习便利，从而有助于实现学习者对资源的适时性和易得性需求。

六、微课在实际教学中的价值

首先是提升教师信息技术水平。微课的制作，需要参与教师在过程中运用多种信息技术手段。例如在录制微课前，教师要根据教学理念、教学知识点等方面，制作 PPT 课件和 Flash 动画等，以更好地实现有效的微课教学；又如在微课拍摄结束后，为了优化拍摄效果，还要运用视频编辑软件对微课视频进行后期的编辑：视频的时长、是否配音、片头片尾和主要教学环节的字幕……正是由于微课的信息技术含量较高，迫使教师不断提升信息技术应用能力。

其次是教师自身教学教研能力的提高需要微课的知识点明确具体、时间严格限定，这两个特点能驱动教师必须把握教学目标，提高备课效率。此外，微课制作后，教师可以站在听课者的角度发现和反思自身的教学不足，并且通过反复修改，不断改进，进一步促进自身的专业成长。

微课除了能让教师个人反思改进教学，还能够成为一种教学参考，为校本研修和科组教研提供帮助。校本研修和科组教研组织范围小，参与人员不多，以微课为资源的教研活动操作灵活方便，能引导参与教研的教师进行深入细致的研讨、互动和交流，从而达到对课堂教学中某个主题的深刻认识和理解，有效提升教师的专业化发展水平。

最后是实现优质资源共享。近几年全国不少地区相关教育部门都开展了中小学微课大赛活动，参赛教师通过微课程资源平台上传自己的微课参赛作品。有的微课资源平台还上传了微课获奖作品，例如佛山市中小学名师精品课例（优秀微课）平台、江苏省中小学微课大赛活动平台、九龙坡区微课程资源平台等。中小学教师足不出户，就能免费享用这些微课程资源平台的优质资源，随时随地都可进行教学研究和经验交流。

第四节　微课的评价

建构主义课程观强调课程评价应该注重过程性、情境性和多元性。

过程性指的是课程评价渗透于课程实施的全过程，更加重视对知识建构的过程而不是结果的评价；情境性是指课程评价充分考虑课程实施的情境，评价的标准应该源于丰富的背景支持；多元性是指课程评价的标准多元化。微课程的评价也应该是一个多元的过程性、情境性评价。对微课程进行评价，不仅应只评价微课程本身，也应该评价教师教学方法和手段；也不应仅只评价学生微课程的学业成绩，还需考虑微课程的方案、微课程的实施。微课程评价的主体也应多元化，可以是学校、教师、学生，也可以是家长和社区。微课程评价不是一种结果性评价，而是一种过程性评价，可以采取课前评价、课中评价和课后评价相结合的评价方式。此外，要对微课程进行真正意义上的评价，就必须参与到具体的教学情境中，观察教师的教学行为，学生在课堂上的学业表现，将课程评价标准融入实际的课堂情境中，才能提高评价的效度、信度。

微课最关键、最根本的衡量标准是学生的学习效果。如果学生用微课很快捷地掌握了知识，这个微课就是好的微课。因此微课要从学生学的角度去制作，体现以学生为本。教育部教育管理信息中心和教育部全国高校教师网络培训中心组织的中小学和高校的微课大赛各提出了一个评审标准，都有一定的代表性。两者的比较如下表所示：

中小学		高校	
选题设计（10分）	选题简明（5分）	教学安排（35分）	选题价值（5分）
	设计合理（5分）		教学设计与组织（15分）
教学内容（20分）	科学正确（10分）		教学方法与手段（15分）
	逻辑清晰（10分）		

作品规范（15分）	结构完整（5分）	作品规范（10分）	材料完整（5分）
	技术规范（5分）		技术规范（5分）
	语言规范（5分）		
教学效果（40分）	形式新颖（10分）	教学效果（35分）	目标达成（10分）
	趣味性强（10分）		教学特色（15分）
	目标达成（20分）		教师风采（10分）
网络评价（15分）	网上评审（15分）	网络评价（20分）	

第一，教学对象不同。中小学教学对象低龄化，因此对教学内容的科学性、正确性要求比较高，要求精选内容合适、简单明了的教学内容。高校的教学内容相对比较复杂，有一定的学术研究性，因此重点考查教学设计与组织，强调教学方法与手段的应用。

第二，语言要求不同。中小学是学语言的阶段，因此要求教师教学的语言要规范，而高校并没有重点强调语言，只是要突出教师的授课风采。

第三，教学方式不同。针对中小学的特点，中小学的微课要求有趣味性，以便吸引学生兴趣。而高校学生的理解、自学能力都较强，因此提出了高校微课要体现教学特色。

第四，教学应用不同。高校的微课传播更为广泛，有些会对应全民教育和终身教育的需要，因此高校的微课应用的要求更高一些。

微课有课程的属性，也有课件的属性，既有知识性，又有资源性，因此可以有多重评判标准和要求，但最核心的是以下五个方面：

第一，选题。并不是所有的教学内容都要做微课，必须是重点和难点。

第二，设计。要对原有的内容重新设计与组织，要体现信息化教学设计的思想。

第三，讲解。要准确清楚，言简意赅。

第四，表现。音视频及多媒体等技术实现要准确规范。

第五，效果。学习者使用的效果要明显有效。

第五节 微课的设计和制作

一、深度理解微课的"四微特点"

"课程"是指学校学生所应学习的学科总和及其进程与安排。广义的课程是指学校为实现培养目标而选择的教育内容及其进程的总和，它包括学校老师所教授的各门学科和有目的、有计划的教育活动。狭义的课程是指某一门学科。课程实际上包含了"学程"和"教程"两个方面。而"课"是指教学上的一个阶段，或课程中的一个具体的内容，可以简单理解为课程的组成单元。

微课程相对于常规的课程而略有短小，比如实习课程、技能训练课程、暑期实践课程等。这些微课程也需要有教学大纲、教学计划、教学过程等，是一个相对缩微版的课程。

所以，微课是指为使学习者自主学习获得最佳效果，经过精心的信息化教学设计，以流媒体形式展示的围绕某个知识点或教学环节开展的简短、完整的教学活动。它的形式是自主学习，目的是最佳效果，设计是精心的信息化教学设计，形式是流媒体，内容是某个知识点或教学环节，时间是简短的，本质是完整的教学活动。因此，对于老师而言，最关键的是要从学生的角度去制作微课，而不是从教师的角度去制作，要体现以学生为本的教学思想。

微课"位微不卑"。微课虽然短小，比不上一般课程宏大丰富，但是它意义非凡，效果明显，是一个非常重要的教学资源。

微课"课微不小"。微课虽然短小，但它的知识内涵和教学意义巨大，有时一个短小的微课比几十节课都有用。

微课"步微不慢"。微课都是"小步子原则"，一个微课讲解一两个知识点，看似很慢，但稳步推进，实际效果并不慢。

微课"效微不薄"。微课有积少成多、聚沙成塔的作用，通过不断地积累微知识、进行微学习，从而获得大道理、大智慧。

二、为何需要微课——知识获取的"四个特性"

我们从来没有离开过微课，从科普频道的知识讲解到生活频道的点点滴滴，从科学知识到生活常识，我们身边有太多的微课的优秀案例。我们在知识获取时有四个特性：

知识获取的直接性。我们生活在一个知识爆炸的时代，尽管我们努力学习，但赶不上知识增长的速度。我们希望在学习时，摒弃冗长的铺垫，挤去啰唆的水分，直接获得知识。

知识获取的需要性。学校的课程，对学习者现在或将来都有着或多或少的帮助，但学习者希望利用有限的时间首先学习最需要的知识。

知识获取的便捷性。学生最大的困难就是遇到问题没有人能解答。因此随时能得到帮助与解惑是学习者的最大的快乐，这成为微课产生的一个重要原因。

知识获取的有效性。我们希望学习所花的时间和付出的努力能够获得收益和回报，微课正是能在短时间内使学习者获得某方面的知识或技能，形成有效的学习。

三、微课有何特点——微课的"十大特征"

微课只讲授一两个知识点，没有复杂的课程体系，也没有众多的教学目标与教学对象，看似没有系统性和全面性，许多人称之为"碎片化"。但是微课是针对特定的目标人群、传递特定的知识内容的，一个微课自身仍然需要系统性，一组微课所表达的知识仍然需要全面性。微课的特征有：

第一，主持人讲授性。主持人可以出镜，可以话外音。

第二，流媒体播放性。可将视频、动画等基于网络流媒体播放。

第三，教学时间较短。5—10分钟为宜，最短的1—2分钟，最长不宜超过20分钟。

第四，教学内容较少。突出某个学科知识点或技能点。

第五，资源容量较小。适于基于移动设备的移动学习。

第六，精致教学设计。完全的、精心的信息化教学设计。

第七，经典示范案例。真实的、具体的、典型案例化的教与学情境。

第八，自主学习为主。供学习者自主学习的课程，是一对一的学习。

第九，制作简便实用。多种途径和设备制作，以实用为宗旨。

第十，配套相关材料。微课需要配套相关的练习、资源及评价方法。

四、微课有何原则——微课的"三合"

微课看似简单，其实不易。做好一个微课首先要做好"三合"：

第一，要与常规课程相结合。微课是对重点难点或某个知识的解释，是对常规课程的有益的补充，使用时必须与课程相结合。

第二，要与课程特色相结合。微课表现的内容必须体现课程的特色，用微课作为课程的名片。

第三，要与学生的学习兴趣相结合。将学生感兴趣的、关注的知识内容用微课展示出来，这样才能吸引学生，才能获得好的学习效果。

五、微课有何问题——微课建设的"五大重点"

第一，精心的教学设计。要有较为完整的课程结构，包括开始、结束、授课、互动等，并不是从长的视频课中截取一段。

第二，特色的教学内容。微课是一个精彩的短课，需要尽量突出该课程的特色，不能做得平铺直叙。

第三，丰富的多媒体技术。微课要尽量使用多媒体技术，展示课程内容。如使用动画、图表、音视频等方式表达教学内容。

第四，精致的拍摄制作技术。由于微课时间很短，因此要重视每一秒，尽量不要有口误、重复、表达不清、拖沓现象。尽量加上字幕。另外要注意教师的仪表、动作、语言等，学生要全神贯注，不能开小差。

第五，重要的开场两分钟。视频课最关键的是开头，要抓人眼球，要能吸引听众。因此要非常重视开头的1—2分钟。

六、微课如何加工——微课的类型与方法

微课有许多类型，比如讲授类、问答类、启发类、讨论类、演示类、实验类、练习类、表演类、自主学习类、合作学习类、探究学习类等。目前大多的微课还是以讲授类为主，其次是实验类。

微课的加工制作方法很多，通常有摄像机拍摄、数码手机拍摄、录屏软件录制、平板电脑录制、录播教室录制、摄像设备拍摄后编辑、运用 Flash 等专用软件制作等方法。

微课强调便捷和实用，能解决问题的微课就是好微课。因此微课可以采用多种方式进行制作，比较平民化。但在条件许可的情况下，尽量根据国家精品视频公开课建设的高标准来制作。

七、微课如何摄制——微课摄制的"五个环节"

第一，拍摄。拍摄场地需要有较好的吸声效果，不能混响太大，如果是在一般的教室中拍摄，可以在四周装上绒布窗帘。拍摄场地应光线充足，布光均匀。为了保证统一的光线效果，最好关闭现场的窗帘，用现场灯光。拍摄时要注意摄像设备的位置、景别、构图和镜头运动等。不论是全景、中景、近景还是特写，都要将主体安排在视觉中心位置。

第二，录音。尽量用领夹式无线专业话筒，它的频段几乎不受外部噪声和其他无线系统的干扰，拾音质量高，能保证声音的高保真。后期还要进行降噪、声道处理等。

第三，编辑。镜头内容要符合视觉习惯和思维规律、镜头类型要符

合视频主题和内容需要，视频技术要符合规范要求，表现清楚。镜头的组接要符合组接原则，要合乎认识和思想的逻辑，要遵循镜头调度的轴线规律。景别的过渡要自然、合理，光线、色调的过渡要自然等。

第四，PPT。微课视频中的PPT制作主要有以下几个方法：①用摄像机拍摄投影屏。这样可以看到教师的讲解和课件的演示过程，但拍摄的PPT画面可能闪烁，屏幕可能拍得不清晰。②将投影的VGA信号单独录制。这种方式能实时录制课件的动态影像，清晰度高。但是不能展示老师用教鞭或激光笔指点的授课情况，后期修改不太方便。③后期制作时在视频中插入全屏多媒体课件。这种方式清晰度高，制作精良，修改方便，但制作周期较长。④在后期利用编辑软件制作。这样效果最好，但制作最为复杂，需要较长的编辑制作时间，只适用于简单字幕和图片的PPT，不适合动态的多媒体课件。

第五，字幕。屏幕文字主要包括片头字幕、片尾字幕、唱词和字幕条。片头字幕主要是给出视频课程的标题、主讲人等信息。片头字幕一般用静态的文字，也可适当加入动画。片头字幕呈现时间要足够长，使观众能看清楚，一般需要6—10秒，文字的大小要合适。片尾字幕给出版权单位、制作单位、录制时间等信息。唱词指教师讲课的内容。唱词要注意规范性，字体和字形的选择要稳重，可以选择黑体等常规字体。文字的颜色要与视频的主色调和谐并且清楚、明显。唱词出现的时间要略早于说话时间，消失时间略晚于说话结束时间。字幕条主要起到说明的作用，包括学校名称、教师信息、图表标注等；可以竖排或横排，在字体、字形的设计上可以带有一定的艺术色彩和表现力。

八、教师如何参与——教师的"五大挑战"与"四识"

教师参与微课的建设与教学实践，至少有五大挑战：

第一，能否把握课程知识。微课的制作常常需要教师打破原有的知识结构和教学体系，重组教学内容，因此需要教师将教学内容烂熟于心，能够信手拈来，有高度的知识驾驭能力。

第二，能否谙熟教学技巧。怎样在很短的时间内将知识讲解清楚，这需要教师有非常娴熟的教学技巧，能够熟练运用各种教学工具与方法，掌握教学过程中的每一个环节。

第三，能否变革教学模式。在教学实践中使用微课，需要变革原有的教学模式，比如采取翻转课堂等方式，这样才能充分发挥微课的作用。因此教师要有变革教学的勇气，愿意开展教学改革。

第四，能否了解学生需求。微课应以学生为主体、体现学生学习需求。因此教师需要换位思考，充分理解和思考学生学习过程中的各种问题与需要。

第五，能否体现育人目标。教师是园丁，不仅传播知识，还要以育人为本。微课可以将点滴的教育思想和为人处世的原则潜移默化地传播给学生，可以起到传统课堂说教达不到的效果。因此教师在微课传递知识的同时，要尽量融入育人内容和文化内涵。

要迎接这些挑战，教师必须学习先进教育的理念，提升学科专业的水平，强调以学生为本的思想，掌握信息技术的手段。同时，还要做到"四识"，即：有认识、有胆识、有知识和有共识。既要对微课有深刻的理解与认识，要有教学改革的勇气胆识，要有学科的专业知识与技能，还要有微课传播知识的共识，这样才能把握好微课，才能克服制作困难，进一步应用微课。

九、学校如何推进微课建设——管理者的"五个对策"

作为学校的管理者，在推进微课建设时应该注重以下五个方面：

第一，研究制定政策机制。要在学校中建立一些相关的鼓励、奖励措施，要将微课的建设纳入到课程建设体系中去，要在教师的各类评聘中建立关联机制。

第二，认真选拔培育课程。不要忽视一般课程和年轻教师，他们往往会更出彩。要大力挖掘和培育微课程制作者，并给予其足够的支持与鼓励。

第三，大力开展微课培训。许多教师对何为微课、如何制作微课还是非常陌生。学校要大力开展相关的培训，让教师迅速掌握微课制作的方法与技术。

第四，组建技术支持队伍。可以由现代教育技术中心、信息中心等技术部门组建一个相对稳定的技术支持团队，对教师进行技术指导和帮助。

第五，注重宣传推广。学校要将制作微课、推广微课、应用微课作为一个重要的活动，加强微课的实践与应用及优秀微课在全校的推广。

第五章　微课的类型与结构

第一节　微课的类型

随着对微课的深入研究，广大师生对微课的质效提出了更高的要求。基于大量的观摩、考察、案例研究和创作实践，我们依据微课的教学方式把微课划分为讲授介绍型、演示与示范型、教学问答型、启发发现型、讨论辨析型、实验操作型、拓展练习型、表演展示型、自主合作型、探究发现型共十大类。

一、讲授介绍型微课

（一）讲授介绍型微课的特点

讲授介绍型微课一般是以一道或几道典型习题为中心，针对一类题目进行归纳总结，正好符合微课以知识点为中心、针对性强的特点，可以把微课的优势发挥到极致。因此，我们可以把讲解型微课看作讲授介绍型微课的主要组成部分。讲授介绍型微课实质上也是对教学资源的重整，是把文字题目转换为图形化、图像化的解题过程，使得解题过程生动而又直观。而当教师无法当面讲解时，讲授介绍型微课则可"挺身而出"。根据相关调查，讲授介绍型微课是最受欢迎的微课之一，这主要源于讲解型微课具有以下三个特点：

1. 以一道典型习题为中心

讲授介绍型微课或以习题为线索，教授新知识点；或讲解典型的例题、习题或试题，分析总结出一类题的思路和方法；或以习题为载体，分析和解答一类重、难点问题。它们的教学目标不同，发挥作用的环节也不同，但习题是中心，教学和学习是围绕这个中心开展的。

2. 注重解题思路的呈现

解题思路是解题的关键所在，因此讲授介绍型微课特别注重解题思路的呈现。解题思路即把所学的知识点、已掌握的解题方法和题目的已知条件联系起来，找出解决问题的方法。解题思路是解题的思维过程，本身比较抽象，习题微课通过图像把它呈现出来，更利于学生理解、加深印象、强化记忆。讲授介绍型微课采用多种方式呈现解题思路，为将解题思路具象、生动地展现在学生面前，可谓不遗余力。

3. 注重解题方法的总结

讲授介绍型微课对习题的讲解注重解题思路的分析和过程的讲解，注重方法的归纳和应用。讲授介绍型微课一般针对典型的习题，举一反三。对题目的解题方法进行总结和归纳，是对知识的系统整理，使重、难点的知识条理分明、思路清晰，因此知识内容传递效率高。如微课《错位相减法》总结了解题方法——错位相减法，说明了错位相减法适用于差比数列求和。这样的微课把"错位相减法"一般化、公式化，帮助学生解决同类问题，甚至让学生以后遇到这样的问题时，便立刻想到错位相减法。这也让这节微课不仅为一道题服务，还为所有差比数列求和问题服务。

（二）设计讲授介绍型微课的技巧

1. 注重重点、难点的把握

紧跟重点、难点、疑点和考点，选择方法典型，知识点覆盖面全，设计严谨的习题。此类习题能高效率地解决问题。此外要结合学生的薄弱环节来选择习题，对学生进行有导向性的教学。如《轴对称复习题》微课中，选取了关于垂直平分定理的综合性的证明题，这既是教学重点，也是学生需要突破的难点。通过这节微课的教学，学生将对这一类题型有较深刻的认识。

2. 注重题面的解析

解题面是破题的关键，要解出题目考查的知识点、已知条件，以及已知条件与问题之间的联系。最好能同时教给学生一些解读题面的方法，这也是讲授介绍型微课的最终目的。如微课《轴对称复习题》特别标记了已知条件，并从问题出发，从不同的角度解读题目，引出三种解题方法，同时教会学生如何破题，引导学生培养数学思维。

3. 注重讲解过程的分析

设计习题的讲解时，要注意原理的阐明、解题过程与思路的分析、方法及其适用范围的总结。但不同学科、不同题型之间的差异很大。因此在这种微课中，应特别注重结合各学科与题型的特点来讲解习题。

4. 注重解题方法的归纳

教会学生解题方法才是讲授介绍型微课的终极目标和理想状态。因此解题方法的归纳是提高习题微课的质量、提高知识的传递效率、聚焦知识点的重要环节。如微课《轴对称复习题》总结和归纳了证明垂直平分的一般方法，可以强调"转化"的思想，进而提炼数形结合的数学思维。

5. 注重趣味性和生动性的设计

习题是对知识的应用，是为了巩固知识、锻炼思维而存在，它的趣味性包括题目本身的趣味性和讲解过程的趣味性。如果讲授介绍型微课能设计得比较有趣，能激发学习者的解题兴趣，或者让讲解过程生动有趣，那就是一种突破。如设计微课《有趣的倒水问题》时，可以选取比较有趣味性的倒水问题进行讲解，激发学生学习的兴趣。

（三）讲授介绍型微课的应用

1. 活用——在教与学的不同环节灵活使用

在目前的考试环境下，习题无处不在，讲授介绍型微课在教学的各个环节都能发挥很好的作用。课前，习题可综合应用已掌握的知识，巩固旧知识，为新课打好基础；导入时，微课可以讲解如何分析和解决问题，能很好地引入新知识，吸引学生的注意力，同时帮助新知识的建构；课堂上，讲授介绍型微课可以帮助学生巩固新知识，现学现用，当场消化所学知识；课堂结尾，教师可用习题的方式总结一节课的知识内容方法，或借题拓展，满足不同学生的需求，使课堂教学更具个性化；在阶段性的知识复习时，讲授介绍型微课引导学生发现所学各部分知识之间的内在联系，从而达到灵活运用知识的目标，且有相当的知识覆盖面，以提高复习效率。讲授介绍型微课能否在常规的课堂中发光发热，就在于能否在教学的不同环节灵活应用。

2. 重用——作为个性化资源重复使用

学生在课堂上的学习效率和进度不尽相同，学生根据自身理解的程度，有的跳跃性地学习，有的在解题的某个步骤反复观看。再者，学生在课堂上可能不能完全记住解题过程，可以设计微课作为回顾性资源供学生重复使用，复习、巩固知识。讲授介绍型微课着重对知识的综合应用和方法思路进行概括，因此能很好地应用于知识复习阶段，这就相当于传统课堂中习题课的作用。微课中巧妙运用微课，可以提高教学绩效。

3. 联用——与其他类型的微课联合使用

讲授介绍型微课很多时候作为知识学习的应用、补充和总结，应与其他类型的微课结合起来使用，这样才能发挥最大的作用。如果讲授介绍型微课较为枯燥，可与实验型、展示型、表演型等微课相结合，吸引学生的注意力；讲授介绍型微课比较注重考点，注重学习方法和过程，可与注重情感目标培养的微课相结合，促进学生的全面发展，以免陷入题海战术，把学生变成解题的机器。由此可看出，各种类型的微课特点鲜明，关注学习过程的不同环节。讲授介绍型微课关注梳理思路、总结方法，对习题情有独钟。当它与其他微课联合起来使用时，会产生更好的教学效果。

4.借用——借助自主学习任务单结构化使用

习题讲解本身较为碎片化，教师要善于设计"自主学习任务单"（或导学案），将习题微课组织起来，有效指导学生自主学习。自主学习任务单可以引导微课的学习，避免微课不够系统化，把微课呈现的零散的知识组织起来，形成一堂课的知识脉络，构成结构化的知识系统，避免学生在微课的学习中"迷航"，并帮助学生理解性地记忆。同时任务单还可以记录学生的学习过程、检测情况，反馈学习效果，对学生自评和教师的测评都有很大的帮助。在自主学习任务单的帮助下，学生沿着教学设计学习微课，击破各个重难点，轻松达成学习目标。

二、演示与示范型微课

演示型微课是演示与示范类微课的主要载体，它克服了传统教学的许多弊端，对不同的学生个体有相应的认知材料和认知路径，弥补了传统教学的"重共性轻个性"的不足，借助计算机强大的多媒体功能，提供了全方位、多角度、多层次、多变化的立体式的演示功能，使抽象的教学有了直观的、可操作的"模拟实验"，许多在传统的课堂教学中学生难以理解，教师不易讲清的教学难点，以微课的方式呈现，就不言自明，"难点不难"了。下面以数学教学为例。

（一）演示型微课在数学教学中应用的意义

数学与其他学科不同，'数学是思维的体操"。它不仅要传授单纯的数学知识，更重要的是还要通过数学知识的学习进行思维的训练和解决问题能力的培养，这也是各级各类学校广泛开设数学课程的原因。但传统数学教学还存在着很多弊端。一是效率低。数学的概念、定义、计算、图形非常多，这就使得板书、作图所花的时间占用了太多的课堂时间，使讲解、讨论的时间不够。特别是采用主体式教学模式，需要较多的时间来让学生参与，这就更使时间紧迫了。二是数学关于"动"的问题，在传统手段下是很难表现的。

因此，演示类微课可以有效化解传统数学教学中的难点，缩短教学时间。

（二）演示型微课在数学教学中的应用

1. 激情引趣

数学被很多人认作枯燥无味，深奥莫测，但演示型微课可以把枯燥的数学问题融入有趣的动画中，再通过教师富有激情、投入的启发引导，大大激起学生对数学问题的强烈的好奇心和求知欲，继而引导学生积极参与，最后使枯燥的数学变为有趣的数学，不仅可以活跃课堂气氛，而且还可以充分发挥学生的创造性和思维能力。

2. 提高效率

传授知识是教育的一个重要方面，在传授知识时要有效地继承前人积累的知识，减少重复摸索的过程。所以，微课教学中引用微课进行辅助，可以弥补传统教学中效率低的缺陷。

3. 因材施教

在数学教学中运用演示型微课的共时性、多渠道、综合传输信息及快速切换和灵活选择的技术，增加了因材施教的因素。另外演示型微课可以模拟动画实验，增加学生对客观事物的认识，增加学生空间想象的源泉，为学生创造了独立获取知识的空间，充分发挥了学生主体作用及学生的创造性和思维能力。对于学有余力、对数学感兴趣的学生，微课中的课外拓展知识可以进一步弥补传统数学重共性轻个性的不足，使各层各类的学生都得到了相应的提高和发展。

三、教学问答型微课

教学问答型微课可以从以下五个环节进行设计：

（一）设疑导学

教师在课前和课始把学生的情绪调整到最佳状态，通过语言（口头或肢体）、音像资料、实验操作等方法，迅速点燃学生思维火花，尽快形成问题氛围，使学生"生疑"，同时产生强烈的求知欲望。问题情境创设是教学的重要环节，可激发学生学习兴趣和求知欲望。教师备课时要依据学情认真分析，研究学习内容，预设出学生在自主学习过程中可能遇到的疑难障碍，可能出现的错误，可能陷入的思维误区等，提前做好引领和指导，从而做到"胸有成竹"。

（二）自主探究

学生借助教材、资料等，思考问题、解答问题，对知识进行思维加工，将之同化到原有的知识结构，并顺应新知识，形成新知识网络，通过亲自感知，体验建构知识的学习过程，在体验中产生对知识的理解与感悟，从而通过自主学习掌握知识和理论，这是问答型课堂教学模式的主要环节。这个过程中必须保证学生人人有事做。在此环节中，学生自学要投入，课堂要安静，体现生本互动。教师巡视，发现问题记下来，必要时对不同层次的学生给予必要的学习指导，传授学习方法，以增强其学习的信心。

（三）交流展示

交流展示是合作学习与自主学习的结合。学生自学后，通过生生交流、师生交流以及小组间交流来检查自主探究的效果。教师鼓励学生积极参与，分工合作，资源共享，组间竞争，以提高交流讨论的效果。对有价值的问题进行重点解决，引导学生进行探索，寻求规律，在共享集体成果的基础上达到对当前所学知识比较全面、正确的理解，初步完成对所学知识的意义建构。在此环节中，合作小组最好是异质结合，并给予时间上的充分保证，生生之间的互教互学，会收到单纯的教师讲解难以达到的效果，从而促使学生认知、情感和语言表达技能的均衡发展。通过交流展示，学生既能获得知识、提高能力，解决疑难问题，又能培养合作精神和竞争意识。教师是引导者、组织者、合作者，并根据小组反馈和自己收集的学习信息，做精要讲解，使教学重难点得到突破。

（四）归纳建构

归纳是学生舒展灵性的空间，是培养学生自主学习、合作学习、探究学习的一个关键环节，是一节课的"点睛之笔"。传统教学中归纳这个环节基本上是由教师来完成的，其实归纳不应该只是简单地复述一节课的主要内容，而是学生一种极好的自我反思的机会，这种自我反思的过程是一个思想升华的过程，最终完成对所学知识的意义建构，形成学科思维体系。这个过程是教师不能越俎代庖的，教师应在学生畅所欲言的基础上展示自己的观点，既体现了教学相长，又引导学生联系社会生活和已有经验，做到学以致用，从而使学生将刚学习的知识升华到一个更高的水平，克服了传统教学中的弊端，体现了新课程改革的理念，注重了对学生情感、态度、价值观的培养。

（五）反馈拓展

教师出示精心准备的、符合教学实际的问题，当堂巩固落实。让学生在解决问题中巩固知识、掌握方法、提高能力，达成学习目标。在这个环节中，教师一方面根据学生的练习情况判断教学目标的达成度，另一方面在学生相互提问的过程中找出教学难点，从而进行针对性补偿教学，达到最佳教学效果。

教学问答型微课让学生自己发现新问题，讨论、解决新问题，最后让学生形成一个简单的知识网络，又让学生通过所学的知识去解决实际中的学习问题，使学生的兴趣和能力得到了进一步提升。这样的问题设置过程，让每一位学生真正成为课堂的主体，成为课堂的主动参与者。

四、启发发现型微课

（一）启发发现型微课内涵

（1）启发发现型微课是以学生为主体，以重新认识学生的地位和作用，建构新的学生主体观为目的的。

这一学习观念强调学生作为认识、学习的主体，必须具有主动性、能动性和创造性。现代启发式教学就是以学生能不能发现问题、解决问题并勇于创造来判定其程度。

（2）启发发现型微课的重点是使学生学会学习。

授人以鱼，仅供一饭之需；授人以渔，则终身受用无穷。学会学习也正是现代启发式教学的重点。随着学生主体性的增强，由被动学习向自主学习过渡，最后实现由教到不教的转化。

（3）启发发现型微课侧重学生思维过程和思维方法的启发。

它是以当代认知心理学的最新研究成果为理论依据的，它重视教学活动中学生的认知过程，特别是思维过程的充分展现，真正体现了以学生为主体、以学生发展为主线的全新教学理念。

（二）启发发现型微课教学过程的互动性

现代教学方法是以完成现代教学任务为目的的、师生共同活动的方法。它既包括教师"揭示、设疑、导练、评价"的教法，又包括学生"自学、解疑、应用、矫正"的学法。教学知识的传授过程，更重要的是培养一种以此为基础的分析和解决问题的思维过程。教师要把自己置于与学生平等的地位，关注学生学习的反馈结果，增强教学的针对性和有效性。同时，学生由于参与到教学过程中，学习的主动性、积极性提高了，在教学活动中，教学双方都在采取行动，各自在其中有所收获。

（三）启发发现型微课教学对象的能动性

在教学过程中，学生是主体，教师是主导，"教"应为"学"服务。正如苏格拉底所说的那样，"教师在课堂上讲了些什么并不重要，学生在课堂上想了些什么更重要千万倍"。教学效果往往取决于教学对象是否会灵活运用所学内容，而教学对象是否能灵活运用所学内容，又取决于这些内容能否满足教学对象的需要。启发式教学就要把教学对象作为主体，根据学生的学习动机、兴趣形成的特点和规律，提高学生学习的自觉性和积极性。

（四）启发发现型微课学习的"双部性"

所谓"双部性"是指教师引导学生活动时，既要注意学生的外部活动，又要注意学生的内部活动。传统的教学方法往往只注意学生的外部活动，只注意他们听课注意力是否集中，实验操作是否有秩序，观察是否细心。但是，有时学生活动的外部表现尽管相同，但从内部来说则可能完全不同。苏联教育学家休金娜说："教学方法的教育学价值常常是由认识过程的隐蔽的、内部的方面决定的，而不取决于该过程的外部表现形式。"因此，启发发现型微课的教学方法不仅关注学生的外部活动，而且更加重视学生的内部活动。

（五）启发发现型微课教学方法的呈现

启发发现型微课教学原则是各种教学方法的灵魂，应渗透在教学活动的各个方面，并贯彻教学过程的始终。教师在典型示范与一般要求相结合、讲授与引导相结合、肯定与补充相结合的原则指导下可采取多种多样的形式进行启发。

在对学生进行启发的过程中，"问"的艺术是启发的关键，是研究和表现启发式教学的艺术性的重要方面。"问"的目的是启发学生自己进行思考，调动学生"参与"的积极性。通过"问"，让学生愿意提出自己的想法，与教师商讨。学习的实质就是解决问题，即学生提出问题和解决问题。教学应当从问题开始，以问题引导学习。可见，"问"在启发诱导的过程中极其重要。那么，教师在教学时，如何通过恰当的"问"来启发诱导学生呢？

1.针对学生的差异，提问要有层次性、梯度性。

教学提问是师生共同参与的双边活动。所以教师在问题的设置上必须考虑到学生的实际情况，合理确定问题的难度与坡度，既做到面向全体学生提出问题，以免造成"少数人表演，多数人陪坐"的现象，也须区别对待，针对学生的个别差异，用不同的方式提出不同类型、不同层次的问题。

2. 掌握发问时机，提问应该有的放矢，抓住关键点

教学需要是设计提问的客观依据。在整个教学过程中，教师随时都可以发问，但要保证提问的质量和效果，就必须要注意发问的时机及针对教材的重点与难点如何发问，发问时应有的放矢，抓住关键点，以免画蛇添足。最佳发问时机既要求教师敏于捕捉，准于把握，也要求教师巧于引发，善于创设。

3. 注意发问顺序，所提问题结构要简明合理，含义要清楚、准确、具体

教师发问在内容难度上应由浅入深，由易到难，循序渐进。在形式上，教师的发问又切忌按座位顺序点名提问，而应打破次序，有目的地"随机"提问。在问题的结构上，要简明合理，冗长繁杂的问题会使学生很难把握问题的中心。

教师有时会问学生"你学了这些知识，有何感想？""你的体会是什么？"诸如此类的问题，这些笼统的提问，常常使学生不知该如何回答，或者作一些含糊其词、无关痛痒的回答，使教师难以顺着这条线再问下去。因此在提问中要限定问题的范围，避免提问大而空。要把大的问题具体化，尽量使问题的含义表述得清楚、准确。

4. 适时提示点拨，对学生的回答及时归纳总结

在课堂提问过程中，教师应该有两个最主要的停顿时间，一是教师提出一个问题后，要等待足够的时间，为学生的回答提供思考的时间，不能马上重复问题或指定学生回答问题；二是指学生回答之后，教师也要等待足够的时间，才能评价学生的答案或者再提出另一个问题，以便他们完整地作出回答。当学生回答问题不够准确、完整、流畅，甚至完

全"卡壳"时，教师应根据具体情况，给予适当的语言提示，指点迷津，以助学生走出思维误区。对学生的回答，教师要及时进行总结，公正地指出优点或不足，教学提问的总结对学生系统深入掌握所学知识有着非常重要的作用，如若不然，学生对教师提出的问题始终没有清晰、明确、完整的认识，也很难掌握课堂知识。

五、讨论辨析型微课

讨论辨析型微课的主要特点是：以学生为主体，在教学的过程中，让学生积极参与教学的全过程，让学生在学习的过程中主动发现问题，共同解决问题。在讨论的过程中培养学生的实践能力，培养学生分析解决问题的能力，直至培养创新思维能力。教师的作用主要是引导学习的方向，帮助学生解决学习过程中遇到的问题。

这类微课的主要形式是：

（1）导入新课——让学生讨论学习的内容、目标、学习方法。

（2）初学新知识——由学生去讨论和探讨新知识及其规律，找出学习中存在的问题。

（3）掌握新知识——由学生共同讨论解决问题的方法，理解教材，掌握知识。

（4）巩固知识——由学生讨论巩固知识的方法，选定练习题，并进行练习，教师帮助订正。

（5）总结学习方法——师生共同讨论本课所用的学习方法，为以后的学习打下基础。

（6）作业——由学生讨论并选定本课作业，教师进行指导。

这种模式由于是以学生为主体，使学生有了更多的发展空间，提高了学生的学习积极性与主动性；由于是全体学生的积极参与，使各个层次的学生都得到共同的提高；由于是由学生去发现问题和解决问题，学生在学习知识的同时也掌握了学习的方法，提高了教学的整体效益。

六、实验操作型微课

当前，小学教学多半采用演绎思维方式进行教学，重结果，轻过程，忽视知识的生成、发展过程。而实验操作型微课，可以从个别到一般、从具体到抽象，用归纳思维方式建构教学模型，让学生在实验中经历实践、自主探索和合作交流的过程，有利于培养学生的思维能力、科学态度和探索精神。可以从较大程度上缩短学习时间，增强学习效率。

（一）实验操作符合学生的认知规律

心理学研究表明，儿童认知规律是"感知—表象—概念"，而动手操作恰恰符合这一认知规律。动手操作可以充分调动学生的各种感官，并使这些感官参与到数学教学活动中去，使学生在操作中感知大量直观形象的事物，获得感性知识，形成知识的表象，并诱发学生积极探索，从事物的表象中概括出事物的本质特征，从而形成科学的概念。

另外，只靠观察并不能使学生形成空间观念，适当的动手操作，如让学生比一比、折一折、剪一剪、拼一拼、画一画，更能促进学生空间观念的形成。通过一定的动手操作能使学生真正理解一些抽象的概念。例如在教学长方形、正方形时，就可以让学生动手折折、剪剪、比比、画画。在动手中，渐渐感悟到长方形和正方形都有四条边，四个角，但是长方形是对边相等，正方形是四条边相等。由于学生是通过自己的操作得出的结论，不仅提高了兴趣，得出了正确的结论，而且还记忆深刻，在今后解题或者生活中遇到类似的问题都能打开记忆的大门，检索到正确的长方形和正方形的特征，不易出错。

（二）实验操作可以激发学生的学习兴趣

激发学生学习兴趣的方法各式各样，为学生创设一定的情境，让学生动手操作可以更加凸显学生的主体地位，同时也符合小学生好动、好奇的特点。动手操作让学生觉得学习是轻松的、有趣的、充满创意的。

例如在学习平均分时，完全可以让学生动手实际操作，把一些扑克牌平均分给几个人，学生在分的过程中兴趣盎然，积极性很高，在玩中就把抽象的平均分意义和平均分的方法牢牢掌握住了。一节课下来，学生不仅不觉得累，还意犹未尽。在动手操作中，学生慢慢感受到原来学习并不是枯燥无味的，它也可以是充满趣味、其乐无穷的。

（三）实验操作可以培养学生的创新能力

每一位教师都深知在课堂中培养学生的创新意识和创新能力的重要性。皮亚杰说过："智慧自动作发端，活动是连接主客体的桥梁。"小学生的思维正处在具体形象思维向抽象逻辑思维发展的过渡阶段。特别是低年级儿童，他们的思维仍以具体形象思维为主要形式，他们的抽象思维需要在感性材料的支持下才能进行。学生智力技能的形成，常常在外部动作技能的基础上发生、发展，是一个由外部的物质活动向内部的认知心理活动转化的过程。重视儿童解决问题的创造性，教师通过安排合理的操作环节，会给学生提供更多亲自动手实践的机会，同时给学生提供了更大的思维空间，在动手操作过程中学生就会把操作与思维联系起来，动手操作就为培养学生创新意识提供了可能。

而且，动手操作可以使学生对知识有一些新的理解和看法，不仅能够对知识有进一步的理解和巩固，还可以在这种新的发现、新的感悟中碰撞出创新意识的火花。例如在学习七巧板时，教师如果认识到动手操作的重要性，就会让学生充分动手操作，不仅拼摆书上已有的图形、图案，还会要求学生自己动脑设计不同的其他新颖的图案。学生在积极动脑动手的过程中，不仅能设计出一幅幅美丽逼真的图画，甚至还能根据这些图画编出一个个小故事。

（四）实验操作可以培养学生的合作意识

随着社会的发展，团队集体将会越来越注重作为个体的我们能否与他人团结协作，在这种和谐中又能否表达自己的见解，张扬自己的个性，所以在学校教育中，培养学生的合作意识就成了教师的一门必修课。小组合作学习是解决这个问题的一个好方法，而在小组合作学习中的动手操作更能很好地实现这个目的。

例如在小组中进行实验操作，谁来摆、谁来动、谁来组织、谁来记录、谁来发表意见、谁来总结，就需要小组中的成员有商有量，和谐统一。慢慢地，这种动手操作活动就让学生学会了谦让，学会了团结，学会了表达自己的意思，进而培养了学生的合作意识。

七、拓展延伸型微课

（一）拓展延伸型微课的特点

拓展延伸型微课能够帮助学生认识自我，建立自信，能通过评价激励学生。拓展课的目的是加强对教学内容的深入理解，在深度和广度上培养学生的探究意识和兴趣，使其在认识问题和解决问题的能力得到提高，促进学生均衡而有个性地发展。它不同于传统教学只注重知识的传授，而是从更高的层次对教师和学生提出了要求。

（二）拓展延伸型微课的选题及呈现方式

我们选择拓展的内容极其丰富，目前根据来源主要有以下几个方面：

（1）拓展课知识的内容可以是练习中的找规律。如线段、射线与直线，掌握线段上点数与线段条数之间的关系。理解线线相交的各种情况。能根据点的个数判断线段条数。培养和发展学生的想象能力、运用图形语言进行交流的能力，通过自主探索活动，理解概念和结论，体会蕴含在其中及运用知识解决生活实际。

（2）拓展延伸型课的内容可以是教材中的难点的延伸。

（3）拓展延伸型微课的内容可以是激发学生学习兴趣的生活趣题。如好玩的数学——猜姓游戏背后的秘密，让学生在玩的过程中发现知识原理。因此，带动学生再创造、再思考的内容都值得拓展。

拓展延伸型微课内容的选择不仅要重视学生个体的经历和经验，把握好学生个性潜能发展的生长点，更要立足于教师的个性，让教师真正成为拓展课程开发的直接参与者，成为研究的主体。通过活动课程的开发，发掘学生和教师的个性潜能，促进学生的个性全面和谐的发展。由于教学内容比较有深度，拓展延伸式微课最好能借助直观的课件或微课进行呈现，进行辅助教学，往往能收到事半功倍的效果。

（三）拓展延伸型微课的素材收集及教学设计

学生的学习素材的选取，应该是让他们感觉到知识就在自己的身边，而且学习知识是有用的，必要的，从而愿意并且想要学习。素材收集不仅包括教科书这一课程资源，还包括可以利用的各种学习资料、工具和场所，如，实践活动材料、录制微课、计算机软件和网络，以及报纸杂志、电视广播等。在教学时，教师应合理地运用这些资源，充分调动学生的手、脑、口、眼、耳等，调动学生的积极性，促进学生的个性发展。

学生的学习基础、学习兴趣及学习能力，是教师教学设计的出发点。教师要立足于现实，关注过程和方法，关注活动的设计，组织学生学习，使学生的任务能适应学生。苏霍姆林斯基指出：教师在教学中如果不想方设法使学生产生情绪高昂和智力振奋的内心状态，而只是不动情感的脑力劳动，就会带来疲倦。

（四）拓展延伸型微课的课堂实施

在每一节拓展延伸型微课实施之前，应先就拓展课教学设计中的问题设计、活动设计、本节课知识的拓展点、教学方案中的预设等，首先在教学小组内进行研讨。组内其他成员会结合本节课的设计给出他们的看法和建议，参考大家的建议，对教学设计再次进行修正后再实施上课。

课堂上，教师既要注重培养学生动脑、动手、自主探究与合作的习惯，在课堂上让学生有表现自己的机会。

针对小学生的年龄特点，我们也可以采用不同的评价方式。例如小组成果展示、学生评、网上交流、活动报告、讲故事、听评、大家评、课后访谈等，把更多的时间放在课外，大大节省课堂时间，提高课堂效率。

八、表演展示型微课

（一）表演展示型微课的现状

表演展示是微课中重要的教学环节，是对传统教学模式的一种改革，是随着社会不断发展进步，适应社会现代教育需要的一种教学模式。但是这种模式在我们教学中实施的又如何呢？据调查，目前还存在下列问题。

（1）认识误区。认为表演展示就是备课中的几大环节，交流展示在学生学习活动中不能灵活地循环进行。

（2）分组不科学。在日常的课堂教学中，我们习惯上是因地制宜就近组合，按前后座位自然分成四人小组，这样分组虽然开展小组活动简便易行，更具可行性和实用性，但从科学的层面上来讲，这样的成员搭配不合理，组际差异较少，成员组合上缺乏层次性、差异性和互补性，不利于让不同特质、不同层次的学生进行优化组合、优势互补、相互促进。

（3）缺乏指导。我们经常可以看到这样一幕：老师提出一个问题后，"开始分小组讨论交流"，教室里马上出现一片叽叽喳喳热烈讨论的场面。但如果细细观察就会发现，这只是一种表面的热闹，有时大家抢着说，不知该听谁的，甚至谁也没听谁的，实际上是"活而无序"，耗时耗力。

（二）优化表演展示型微课的策略方法

1.提高认识，激发动力

（1）提高老师认识。"交流展示"可以作为备课上课的环节。但在每个学习活动中，要根据学情需求灵活地循环进行。基本理念和核心要素不变，在使用时更突出灵活、实用、科学、有效，更具有易于接受和便于操作的优点。在实际的课堂教学中要依据不同教学内容、不同班级的学情等实际需要，灵活选择、整合与建构。这里就强调"交流展示"在学习活动中灵活、循环使用。作为教师，既要从理论高度把握它的真谛，从操作层面把握它的框架模式，又要在课堂实践中灵活运用。

（2）提高学生认识。学生是学习的主人，让学生认识到在师生互动、生生互动的新型学习方式中，可以互相启发、互相补充、互相学习，取长补短，全面合作，促进每个学生全面发展。

2. 合理分组，优化教学

一个班的学生，就学习基础和学习的素质来说是有一定差异的。表演展示中有生生互动、师生互动。作为组织者的教师，分组时要考虑各层次学生水平，合理分组；确切地了解本班同学的实际，掌握不同层次学生的需求，教学目标设定可适当给出不同层次的弹性空间。让每位学生都能学、会学、学有所获。小组"交流展示"的人数以4人为宜，实践活动组6人左右。

3. 基于需要，营造氛围

如在《长方形、正方形的认识》一课，可以根据学生学习的需要，在讨论的基础上营造交流表演展示的氛围。

师：请同学们先猜一猜，长方形和正方形的边角有哪些特征呢？

组织小组讨论，通过合作学习、动手操作，探究长方形和正方形边角的特征。

课件显示讨论题：①长方形、正方形的边有什么特点？②长方形、正方形的每个角是什么角？

小组汇报。

师：长方形的边有哪些特征呢？谁愿意把你们组的意见介绍给大家听？

案例分析：教师首先鼓励学生猜一猜长方形、正方形的特征，通过独立思考，再小组讨论，讨论前提醒组员分工，根据讨论提纲有针对性地组织讨论。最后在全班进行交流，以及通过合作与交流来开拓思路。关注不同学生的需要，提供了选择和发展的空间，创造了适宜的环境和条件。

4.及时指导，全面评价

"能学则不教"，教师旨在学生有困惑的地方进行点拨；客观全面的评价，是促进学生继续发展的原动力。在欣赏教育激励性评价的思想指导下，要帮助学生认识自我、建立自信。在学生表演展示中，教师要适当、适时管理调度。教师要及时深入小组观察、倾听，检查进度，提醒、启发、点拨要适度。教师不能袖手旁观，而要导学、助学。学生束手无策时，教给方法；学生理解肤浅时，引导深入；学生举棋不定时，协助甄别。教师的指导力度还要因人而异，因组而别，把握好帮扶的分寸，既不放任自流，也不包办代替。另外值得一提的是组织小组活动时，教师要提醒学生学会倾听别人的发言。

我们以小学数学课堂的现状为出发点，以课例为载体，通过对课堂观察、案例分析、实践研究、经验总结等具有反思意识的行动研究，探索表演展示型微课的环节优化策略方式方法，从而催发学生学习内驱力，养成大胆交流、争相展示、注意倾听、积极思考的良好习惯。

九、自主合作型微课

（一）注重合作学习素材的精心选择

合作学习虽然是一种较为新颖、有效的教学模式，但并不是所有教学内容都适合采用这种方式来进行。对此，教师应进行全面分析与准确把握。在微课实际教学中　教师应结合教育培养目标，选择实践性、可操作性与开放性较强的素材来为学生设计合作学习活动，这样才能够取得理想的授课效果，才能够让学生得到更全面的培养。教师要全面把握教材内容并且进行深入钻研，充分掌握不同学生不同阶段的认知特点与发展需求。在此前提下，选择更适合开展合作学习的素材，以此来吸引更多学生积极主动参与其中，真正发挥集体力量与智慧妥善解决各类问题，才可以在有限的教学时间内完成教学目标。

例如，在讲解"轴对称图形"的相关内容时，教师就可以让学生事先准备剪刀和白纸，然后在课堂上先为学生展示自己画的左右完全一样的蝴蝶，在引导学生认真观察后，让学生自己动手剪出一个两边一样的图形。针对这一操作任务，教师可以引导学生以小组合作的方式来完成，让学生先在小组内讨论怎样才能够剪出两边完全一样的图形，最后看哪个小组剪出的图形最多、最准确。通过小组间的合作交流与配合，不仅有助于调动学生学习的积极性，而且可以发展学生合作意识与协调能力。在此过程中，教师也可以更轻松地引入轴对称图形的相关知识点，大幅度提升课堂教学质量与效率。

（二）做好合作小组的恰当分配

要想真正高效、顺利地开展自主合作类微课的教学活动，教师必须全面地了解与把握学生的学习动态、具体需求与认知特点等。在此基础上，将学生合理划分成几个小组，以此来将小组成员的优势特长充分发挥出来，获得更理想的合作型教学效果，主要可以从以下几个方面入手：

首先，教师应注重自身协调作用的发挥，真正做到"组内异质""组间同质"，以此来保证各小组的水平尽可能地相近，引导小组成员之间的相互帮助与公平竞争，构建良好的学习氛围。同时，要合理控制小组间的男女搭配比例，尽可能科学分组，从而将合作型学习的积极作用充分发挥出来。

其次，注重各小组成员分工的清晰性与公平性，以此来确保每个组员都拥有探究、表达的机会，避免出现一言堂的问题，形成良好的平等交流氛围，只有这样才能够达到预期的合作学习目标。

此外，教师除了要注重自身指导、协调作用的发挥外，还应积极主动地参与到小组合作学习探究中，针对小组成员的表现要给予及时、全面的反馈与支持，以此来优化小组合作学习过程与成果。

十、探究发现型微课

探究发现型微课教学采取发现问题、解决问题、巩固练习、拓展延伸的过程开展教学，在教学中强调师生合作、生生合作的教学方式，让学生自主自发地学习知识，在合作交流中学习知识，增强学生学习能力和整体能力。

（一）发挥教师在合作探究中的作用

在探究合作过程中，学生为主体，教师为主导，教师的引导和学生的探究并不矛盾，适度的引导能让探究更深入，更有内涵，更有意义。

1. 教师要促进探究、合作等活动的开展

引导与探索并不矛盾，探索前的适度引导会让探索走得更远。合作探究是以问题的设置和提问为前提，教师在探究前需要引导问题，并对合作的方式进行引导。

2. 教师要促进合作探究过程中师生、生生之间的积极互动

合作探究教学中师生互动是常态，从引导发现问题，到寻找材料解决问题，再到拓展延伸强化运用，都离不开师生的互动。教学中教师让学生合作，使学生互相取长补短，提高了学习的效率，提升了学习的兴趣。教师的引导体现在，教师并非一味地让学生合作，而是让学生自己能解决的问题尽量自己解决，自己解决有一定难度的问题才让同桌或者小组合作探索、交流，这样充分提高了小组合作的有效性。

3. 教师应为学生合作探究提供必备的资源和环境条件

为学生合作探究提供必需的资源，创设必要的、有趣的合作探究环境是教师必须要做的事。如，开展长方形、正方形等教学，必须给学生准备这些素材，让学生"有米可炊"。同时教师在教学实践过程中，应尊重学生，为学生创设良好的学习环境，让学生在和谐的环境下探究、学习。

（二）开展合作探究型教学的过程

合作探究型教学按照"发现问题—解决问题—巩固练习—拓展延伸"的顺序开展教学，在教学中强调师生合作、生生合作的教学方式，让学生自主自发地学习知识，在合作交流中学习知识，增强学生学习能力和整体能力。

第二节　微课的结构

根据微课的特点，我们一般把微课的备教过程设计为以下几个环节，即选题、入题、破题与链题。根据课的类型的不同，可以灵活安排结构顺序、时间分配等，将各个环节进行紧密联系和有机统一，以期达到预期的教学效果。

一、微课的选题

（一）微课选题的实施困境

1. 选题设计和组织不科学

选题过大或过小，不够聚焦，没有突出重难点、关键点。有些教师微课选题过大，直接用教材上的课题作为题目，或者选择那些在课堂教学中要花费一个课时，并且运用多种教学手段才能突破的系统知识点，这从表面上看，是对选题的范围没有准确把握，实际上是对微课的理念认识不透彻。

同样，部分教师微课选题选择过小的课题，即选择那些无足轻重，甚至学生通过自主阅读和学习就能轻松掌握的知识点。微课选题应该选择学习过程中的重难点、疑点、易错点、易混点，这样才能有话可说，抓住学生的知识盲区，否则会显得内容空泛，不能激发学生学习兴趣。

2. 选题太难、太易、太偏

有些微课的选题虽然有很强的吸引力和挑战性，但由于选题太难，期待学习者通过一个微课就完全学会，显然不太现实，不如把这个比较难的选题分解成多个小微课，各个击破。再如，有些微课作者选取那些只需了解、识记的事实性知识，只需简单模仿就能够掌握的技能型微课选题，则浪费了大量的时间、精力，同时也难以激发学习者的兴趣。还有教师过于追求选题的专业性，选择了偏题、怪题、难题，不符合学情和考纲的要求。

3. 微课的设计理念和理论依据陈旧

当下有些教师只重视微课中微课的制作技术，而对于微课选题、学情剖析、教学内容分析、学习任务单设计、学习资源利用、活动设计、教学评价设计等核心环节却认识不足，花费了大量的时间和精力制作出来的微课有"形"而无"神"，收获甚小。个别教师的微课设计完全依赖于微课，实际上微课不同于常规的课堂教学，它对教学设计有独特的要求，如导入快、主题明了、重点突出、语言精练、小结干脆利落等。

4. 选题缺乏可制作性

微课的制作，在选题时，应该要符合多媒体技术制作的特点，可以是疑难点分析、解题方法讲解、热点透视等，但并非所有内容都可以用于设计微课，有些还不如利月传统教学手段来得科学有效。内容决定形式，若一味采用微课的形式，不作具体分析，只会让微课教学丧失价值，难以调动学生的积极性，满足学生的学习欲望。

5. 选题设计单调，缺乏可视性

微教案与微课的简单相加，缺乏配套教学资源的开发与运用；单个知识点的一般陈述，缺乏微课结构的完整性和延展性；单纯教材知识点的讲解或应试能力的提高，缺乏热点与时政的渗透；一味地重视知识与技能的提高，缺乏情感态度与价值观的培养等。微课设计的两个原则是"有用"和"有趣"，以上错误做法既不一定让学生看得懂、学得会，更重要的是，也无法吸引学生的注意，达不到微课制作的目的。

6. 选题定位错误，缺乏实用性

一些教师制作的微误教学设计开头是"大家好""同学们好"，可以看出，不少教师把微误教学设计看成是教学的一个片段，这其实是对微课的定位出现了偏差，没有考虑清楚微课的应用环境和对象。还有部分微课选取课堂教学中学生自主学习、教师巡回指导、学生小组合作讨论等环节，表面上热热闹闹，但实际上学生并不能学到实质性的内容。微课教学必须是反映某个教学环节或教学主题的教与学活动，突出学科的知识性与技能性。所以在微课设计中，必须考虑选题意图、微课类型、教学方法、学科意义等。

（二）微课的选题策略

1. 以学生为中心

当微课满足了"有用和有趣"两个基本条件时，就会吸引学生的注意力，达到理想的效果。否则，微课就很可能重复"建设—闲置—浪费"的命运。因此，设计微课时，教师要善于分析了解学习对象的特点和知识渴求，从学生视角看问题的思路来组织教学，同时结合学生的兴趣点、疑惑点、困难点把教学内容逐步分解，有可能时要吸收学习者参与选题，按照学生解决问题的思路展开内容讲解，步步为营，逐步深入，引领学生学习。当微课的设计者从学习者的角度出发，将学习者放在生动形象的情境中去设计时，就能够激发学习者的兴趣，调动学习者的积极性，促进学习者自主思考。

2. 立意要力求新颖

微课选题应该具有一定的创意与新颖性，要充分融合个人和教学团队的创见、灵感、典型和新颖案例。目前随着微课资源的日趋丰富，只有创意十足、理念设计新颖的微课才能吸引学习者"眼球"，激起学习者兴趣，从而脱颖而出，胜人一筹。所以，微课选题及创作的教师要扬长避短，走创意与个性化之路，呈现独特的教学风格。

3. 要贴近学生生活

微课创作应该紧密结合学习者的学习、工作、生活，让学习者身临其境，深刻体会到"学习源于生活，存在于生活，并且应用于生活"的道理，从而能够迅速进入学习的状态。

4. 要争取汇集团队的智慧

在知识创新和个性化发展的今天，个人和教学团队的教学智慧无疑是优秀微课的选题来源之一。要想发挥微课的积极作用和教育意义，必须让微课形成规模化和连贯性的专题或体系，而单个教师无论是从专业素养、知识储备，还是制作编辑技术，甚至是普通话水平，都是有限的。为了避免教师个人的闭门造车、低水平的重复建设，提高设计与开发效率，需要发挥团队协作的作用。根据微课组内成员的特长，进行合理分工。只有发挥团队的力量，才能提高微课的建设水平，形成有条理、系统化的微课资源体系。

（三）微课的入题

1. 微课导入常见误区

无视微课导入的作用，缺失微课导入环节，这主要归结于三种认识误区：

一是"没时间说"，认为微课时间那么短，主体内容都讲不清楚，哪里还有时间分配给导入环节；

二是"可有可无说"，认为导入不过是主体内容之前可有可无的铺垫，有没有无关紧要；

三是"废话说"，认为导入是在说一些废话，纯粹浪费时间。

导致以上三种认识误区的根源在于对微课学习的规律及微课导入的作用认识不足。微课学习时间虽短，但其学习过程依然相对完整并且遵循学习规律。微课导入作为微课学习的先导、序曲或铺垫，主要有四个重要作用：

一是回顾旧知、激活经验，使陌生、复杂、抽象、隐性的新知识点的学习建立在熟悉、简单、具体、显性化的已有知识和先前经验的基础上，建立起新旧知识的联系；

二是创设学习情境，建立起新知识与学习者自身紧密的联系，使学习者不再是个旁观者，而是切身利益的相关者；

三是设疑激趣、创设认知冲突，激发学习动机；

四是调动情感、调整情绪、增进志趣，使学习者在最短的时间内进入最佳学习状态。

认识到微课导入的这些重要作用，就会高度重视微课导入这个环节。常见的不恰当的导入有：

（1）导入冗长、低效

微课的特点是短小精悍，要求入题快，聚焦重点、难点、疑点、关键点，切忌在导入环节铺垫过多甚至"兜圈子""摆排场"——首先会使学习者失去耐心，其次压缩了主体内容的学习时间，影响学习效果。如果微课花很长的时间强调内容目录、学习目标和学习情境，结果还没进入主体内容，学习者就失去继续下去的耐心和兴趣。

（2）生搬硬套班级授课的导入方法

微课导入不同于常规班级授课的课堂导入，常规课堂导入行之有效的某些方法，特别是一些具体做法只有经过改造和优化，才能用于微课导入。一些微课过分追求课的形式完整，在微课中甚至连与知识点学习无关或关系不大的上课起立、师生互致问候、介绍微课制作个人和所在单位信息等，都进行长时间出示。还有的微课开头就是"同学们好""大家好""上节课我们学习了……这节课我们学习……"诸如此类千人一面、长年不变的课堂导入老套路、老套话，而没有针对微课导入的特点进行专门设计。一些微课导入表面上看起来很热闹、很有趣，但实际上对后续学习没有什么实质性帮助。

（3）缺乏创意、无趣乏味、旁观者状态

一些微课导入缺乏创意，表现为方法老套、内容陈旧、形式呆板，显得平淡无奇、无趣乏味，学习者感觉学习主题与自己无关或关系不大，导入结束后自己依然是个旁观者，再看下去有浪费时间之嫌。

（4）过分追求形式

一些微课导入在形式上费尽心思，例如在制作微课时，加入了炫目的片头动画和导入视频，或引入了见所未见、闻所未闻的奇闻趣事，但与主体内容无关或关系不大，只是暂时、部分地满足了学习者的猎奇心理，与"标题党"抢人眼球的做法无异。

（5）与后续学习环节脱节

一些微课导入缺乏系统化、一体化的精心设计，与后续学习环节脱节，没有做到导入（开头）与主体（中间）、小结（结尾）三部分首尾呼应、一气呵成、互相配合、主线清晰，最终未能充分发挥导入的作用。

2. 微课入题的对策与原则

微课的导入，可以参考如下九条对策与原则。

（1）"短平快"原则

"短平快"原则是指微课的导入环节要时间短、节奏快，干脆利落地完成学习铺垫，自然而然、水到渠成地引出学习主题，进入后续主体学习环节。微课的导入一般都应控制在半分钟以内，最长不超过一分钟。

（2）个性化与亲和力原则

依据心理学的首因效应，微课导入应遵循个性化与亲和力原则，给学习者耳目一新的良好第一印象，以最短的时间吸引学习者。微课导入要多用"你（您）""我""我们"，少用"你们""大家""同学们"之类的称呼，以便营造出个别化学习、一对一指导、家教式辅导、顾问式解惑答疑的学习氛围。

（3）针对性与灵活性原则

微课导入应依据不同知识点（技能点）类型、内容、学情和学习目标进行针对性设计。如针对枯燥乏味、学习者兴趣不高的微课内容，应采取新奇、趣味性的微课导入。对于前后知识点联系比较紧密的内容，可采取复习回顾型导入，通过回顾旧知、激活经验，建立新旧知识点的联系。对于适合情境学习的内容，应采取情境导入法，即运用多媒体创设学习情境、激发学习动机，使学习者尽快进入学习状态。针对陌生、抽象、理论性强的知识点，可采取类比、对照、可视化的导入方法。

（4）情境性原则

情境就其广义来理解，是指作用于学习主体，产生一定情感反应的客观环境；从狭义来认识，则是指在课堂教学环境中，作用于学生而引起积极学习情感反应的教学过程。建构主义、情境学习理论认为，学习是在合适的情境中完成的，创设情境是学习者实现意义建构的必要前提。因此，微课导入应遵循情境性原则，采取现代信息技术手段为学习者创设最佳学习情境，帮助学习者尽快进入学习角色和学习状态。

（5）切身相关性原则

微课导入应使学习者感到正在学习的主题与自身息息相关、受益颇多，从而使学习者不再是旁观者，而是切身利益相关者，可以迅速进入学习状态。

（6）趣味性原则

微课要在短时间内吸引学习者，使其产生浓厚的学习兴趣，可采取故事、典故、谜语、游戏等方式进行导入。

（7）整体性与一致性原则

作为微课的先导、序曲或铺垫，微课导入应进行系统化、一体化的精心设计，与后续的主体部分（重点、难点、疑点、易错点、关键点等）、提问与讨论、练习测评、小结与扩展等学习环节遥相呼应，做到一气呵成、互相配合、主线清晰，圆满达成学习目标。微课导入切忌随意性，与后续学习环节脱节、"两张皮"，整个微课显得杂乱无章甚至前后矛盾。

（8）启发与导控性原则

启发与导控性原则是指微课导入对整个微课学习起着开启思考、引出主题、导控方向、聚焦重难点等重要作用。正所谓"不愤不启、不悱不发"，具有启发性与导控性的导入是微课成功的基石。为此，微课应尽可能以问题为导向，即导入环节创设问题情境、设疑激趣，着力于发现问题、提出问题；主体环节着力于分析问题和解决问题；收束环节总结解决问题的经验、要诀，着力于帮助学习者建构知识结构，获得质的提升。

（9）科学性、教学性、思想性原则

科学性、教学性、思想性是教学的基本要求。微课导入作为微课教学的重要环节，理应遵循科学性、教学性、思想性原则，做到内容严谨、准确和规范，无科学性、政策性错误。

三、微课的破题

微课的破题实际上包括解读和分析两个过程。解读题面，即抽丝剥茧，找出题目考查的知识点，找出解题的关键点。破题要分析题目中的已知条件，明确问题是什么，同时分析解决问题还需要哪些条件，如何获得这些条件等。若能读出出题者的心思，看出该题要考查的知识点，就是真正破题了。如果破题巧妙，就更能引起学生兴趣。同时，破题也是解题的基础，只有理解题目的意义，才有解题思路，才能解题。

（一）解读题面

习题微课更重要的使命是将这类题破题的思路和方法教给学生。这种破题的方法有时甚至比解题方法更重要。学生若掌握破题的思维模式，有助于学科思维的培养，从而达到"一通则百通"。

（二）分析解法

破题之后即可分析得出解题方法，应用题目中所考查的知识点来解决题目中的问题。对于一些较为抽象的问题，可发挥信息技术的功能，把解题方法和过程直观形象地表现出来。此外，还可以从多角度解题，拓展学生思维。如微课《轴对称复习题》，可以详细地分析题目中的已知条件，从问题出发找出欠缺的条件，并根据定义得出三种解题方法，破题思路清晰，解题方法多样，对培养学生证明题思维很有帮助。

四、微课的链题

链题即借助微课课堂教学知识点进行拓展提升。链题应与课堂教学环节连接成网络，覆盖众多知识点，扩大学生知识面，让学生举一反三，学会迁移知识。微课根据例题给出拓展题，一方面巩固和升华解题方法和知识点，另一方面提升和拓展知识。微课由于时间有限，并不一定能对提出的题进行讲解与分析，但通过拓展提升题可以链接知识点，形成知识网络，强化知识，深化理解；同时也可以发掘学生的潜能，满足学生进一步研究的需求。微课的链题，必须遵循以下两个原则：

（一）链题力求开放，难度适中

拓展性习题，思考容量大，促学生必须"跳一跳，才能摘到果子"。这样，学有余力的学生就会在解题过程中出现强烈的表现欲望，觉得"别人还没想出来，我就想出来了"，产生浓厚的学习兴趣。因为是结合教学内容设计的习题，潜能生也要积极参与思考、探究，从其他同学的解题中受到启发，从而提升能力。开放性是相对封闭性练习来讲的，一般是指条件不完备、问题不完备、答案不唯一、解题方法不统一的练习，具有发散性、探究性、发展性和创新性，有利于促进学生积极思考，激活思路，充分调动起学生内部的智力活动，能从不同方向去寻求最佳解题策略。通过练习使学生思维越来越灵活，应变能力越来越强，而不被模式化的定式所禁锢、所束缚。

（二）巧妙因势利导，注重拓展

教师要以学生的发展为本，正确对待和处理学生的错误，巧妙利用错误这一教学资源，使学生的思维能力、情感态度与价值观等方面得到进步和发展。

微课作为一种特殊的教学活动，对链题提出了更高的要求，只有注重知识的延伸与拓展，才能够让学生更好地探索与发现、巩固与提高。

第六章　智博微课

第一节　智博微课认知

一、概述

　　智博微课是基于学生学习实际，聚焦学生学习能力发展，结合智学课堂建设而形成的覆盖全学科的课程应用体系，以碎片化学习为基础，从接受型学习向开放型学习转变的，关注个体、面向全体的微课开发项目。其在设计时要综合考虑知识接受面、知识覆盖面、知识延展面等几个方面。其以接受型微课为实施基础，基于学生学习实际，分阶段、有重点地开发多类微课：如讲解型微课、探索型微课、文化育人型微课、活动型微课等，使学有余力的学生得到拓展提升，学习能力不足的学生得到练习巩固。

　　在智博微课的设计过程中既要从选题、破题上入手，也要从过程中着手提炼精品内容；既要关注知识的内在结构，也要关注知识的课堂内外的延伸；既要关注学生的认知型知识的形成过程，也要关注学生探索型知识的挖掘；既要关注知识的横向结构，也要关注知识的纵向联系；既要关注知识呈现的时长，更要关注知识呈现的技术特点和艺术效果。

　　智博微课不单是一个概念型的微课和微课程体系，而是代表一种教学方式的变革和教学理念的更新。这是一个泛在的概念，在设计时要体现的"智"包括选题的精巧、知识切入点的准确、知识拓展点的合理以及微课制作者和微课观看者之间知识体系的交流和时空的交流。而设计时的"博"则要体现在知识覆盖面、受众覆盖面、技术覆盖面的广与博。它是和城南实验小学的校训"聚微成博，积善养德"一脉相承的新型综合性知识资源，是和"智慧交园""智慧城市"的建设与推进过程中一脉相承的新型技术手段。

　　智博微课的设计不仅仅停留在其知识性和实用性上，还在设计时要处处体现体系性、艺术性和可观性。从片头设计到色彩搭配，字体、字号选择，再到画面结构性美感，再到转场的蒙太奇效果，处处要体现智博微课的精品性、高端性、实用性、美观性和体系性的原则。尤其是体系性原则，严格按照"课主题确立—微课方案撰写—微课制作—平台发布—观看学习—评价（教师、学生、家长）—应用研讨—二次修改—完善发布"这样的流程进行设计，是一节拿得出手，经得起推敲，耐得住使用、质疑和反思的精品微课。

　　所以智博微课在设计时既要体现设计者对关键知识、精品课程的碎片化解构能力和重组能力，也要体现接受者在一定网络环境和硬件环境下短时学习的能力和效果，更要体现接受者在体系学习环境下的提前预习和二次学习的可行性与效果。它在设计时要抓住要点，突出亮点，找准关键点，以点带面，以小见大，从小处寻，做好"大文章"，从微处看，体现"大智慧"。

二、智博微课的亮点

　　智博微课与一般微课的主要区别在"智"与"博"上，具体为二"智"二"博"，即选题机智、编排机智，内容广博、受众优博。

（一）智博微课的选题

　　确立选择一个主题，让学生学会学习。和一般课题的选题一样，智博微课的选题应该是教育教学过程中需要探究、需要验证的问题。所不同的是，智博微课的选题的切入口更小，往往就是从一个教育教学案例中的一个"点"深入下去。提出问题的方法有很多，但归结起来则主要有如下几种方法：①根据类型选题。根据教学设计者自身特点和需要，选择计算教学或应用教学，或是几何类学习。比如综合实践课程我们可以选择《身份证号上的信息》、计算类课程我们可以选择《加法运算律》等等。②根据需求选题。即重点关注学生在哪一类知识学习上有所欠缺，哪些是教学热点、教学难点、集中关注点。比如六年级《确定位置》一课，可以从分清"北偏东"和"东偏北"进行切入选题。③从教学实际所急需解决的问题中提出问题。教育、教学经常会遇到阻力和困难，教学中在什么地方、哪个环节遇到了什么问题，即是值得教师去选择、探究的主题。比如五年级《分数的意义》学习时完全可以针对单位"1"的认知设计课题。④自编课题。根据自身教学实践对教材进行分析、解构，设计具有针对性的课题，比如在三年级学完长方形、正方形的周长和面积时，基于练习课拓展课程《长方形、正方形周长和面积的比较》。

小学数学智博微课如何设计？这里面有如何入手，如何突破重难点，如何关注学生生长点等系统性的问题。因此，教师要从"以学论教"的理念出发，精心设计教学活动，让学生"在参与中体验，在活动中发展"，而智博微课的设计则更要求精练地将这些理念体现在设计文稿中。这里编者将以"破题—构题—解题"的思路为读者概述智博微课的设计原则和设计理念。

1. 破题：分析任务，有效引入

一节课总有一定的教学任务，包括认知技能、教学思考、情感态度、价值观等。这就要求教师提出的问题要紧紧围绕教学目标，而且要做到具体、明确，不能一味笼统地问："你发现了什么？"一方面，要及时从生活情境中运用数学语言提炼数学问题，另一方面，要充分发挥情境的作用，不能把情境创设作为课堂教学的"摆设"。在教学中，要尽量让情节具有现实性，贴近学生的生活实际，使学生对学数学产生亲切感。

因此设计情境时，应适度回归生活，取材于日常生活的事例。教学情境应具有时代性、新颖性。我们应该用动态、发展的眼光来看待学生。在当今的信息社会里，学生可以通过多种渠道获得大量信息，教师创设的情境也应具有一种时代气息，上课导入如果总是"复习型"，学生就会感觉"厌"了；情境的表现形式应该是多种多样的，情境的创设要符合不同年龄段儿童的心理特征和认知规律，要根据不同的教学内容而变化。有专家建议：并不是每节课都一定用情境引入，对于一些不好创设情境的教学内容，可以采取开门见山的方式，直接导入新课更有效。

2. 构题：关注主题，注重方式

首先是提供操作的机会。"实践出真知。"学习源于实践，又服务于实践，在教学中尽量让学生参与动手操作实践，让学生通过摸一摸、拼一拼、移一移、折一折、剪一剪等动手形式操作活动，获取丰富的感性认识，再经过大脑的加工，由表及里，由浅入深，去伪存真地辩论分析，发现学习的奥秘，总结出规律。

其次是创设交流探讨机会。教学中教师作为组织者，引导者，要创造机会让学生进行合作交流学习，克服传统的教师讲、学生听教学模式的弊端，让学生把自己的观点、想法讲给大家听，让其他同学进行讲评。学生通过"说算理""说关系""说想法""说过程"等一系列"动口"活动，用语言把自己的思维过程表达出来。这样，既培养了学生的思维能力，又加强了学生间的交流，使他们相互学习，共同提高。

3. 解题：点拨思考，探究主题

人的个体是存在差异的，而承认差异、尊重差异是现代教育的一个重要观念，也是以人为本的教育理念的体现之一。同时，人人参与也是自主学习的一个显著特征。教师要全面了解学生的共同特点及个性差异，开展教学活动时既要面向全体，又要兼顾差异，在保证基本要求的前提下，努力设计不同层次的问题，引导学生根据各自生活经验和知识背景，选择不同层次的数学活动，使每个学生都获得成功体验，使不同学生得到不同的发展。

（二）寻觅两只"眼睛"（课眼与题眼）

眼睛是心灵的窗户，它最能反映人的风采和魅力。文有"文眼"，诗有"诗眼"，戏有"戏眼"，同样，微课也有"课眼"与"题眼"。所谓"课眼"，就是指一堂课借以展开教学的关键性内容。它既是课堂教学切入点、突破口，又是课堂教学目标的聚焦点，更是学生探求新知的着眼点，是情感共鸣掀起高潮的兴奋点。抓住它，可以有效地激活学生的思维，纲举目张，牵一发而动全身，窥探全课之精髓，进而有重点、有条理、有系统地展开学习，掌握知识。

"课眼"维系全课灵魂的关键所在，是学生主动探索的探索点。教师只有认真分析教材的重点难点，把握内容的精髓，捕捉到"课眼"，精心设计，进行有效指导，让"课眼"发光发热，学生才不会在活动时觉得手足无措、索然无味，因为他知道自己要做什么，该怎么做，为什么这样做。这样在让"课眼放光"的情况下，课也就活了、实了。学生真正经历知识形成的过程，这样的教学建构才能比较牢固和有效，也才能将知识内化为学生的智慧。

（三）微课编排贯通三条线索

1.情感联系线

情感教育往往被"绑架"在一些固定的课程上，诸如语文、政治等，实际上，情感教育是教育的题中之义，无论是教书还是育人，都和情感教育有着密切的关系。教学需要激发学生的积极性、挖掘学生的潜力，需要情感激励、情感引导，所以在微课设计中，有意识地渗透情感教育十分重要。而线性的情感联系可以使得一堂微课更具有亲和力，更具有实践意义。

（1）在设计中预设情感。小学生的情感和生活处于一种交融的状况，要对学生进行情感教育，就需要实现教学的升华。为此，教师要善于从生活中汲取教学素材，通过这些教学素材，传达积极、正面的情感因素，引导学生独立分析、解决问题。如在设计《圆的周长》一课时，设计中就可以准备一些生活中的圆形物体，如碗底、茶杯底等，让学生感知圆的周长和以往平面图形的周长有何异同，并通过小组合作交流的方式，分析、探索圆周长的计算方式。这些日常生活中的"圆形"，学生十分熟悉，很容易激发他们的探究欲望。随之而来的课堂上老师要做的就是要根据学生的学习状况加以引导，提供必要的研究条件，使其更好地掌握这些内容，达到情感教育与认知教育的双重目标。

（2）在合作中渗透情感。情感的渗透需要必要的交流，所以教师在微课设计时根据情况可以多设计运用小组合作教学法，将学生分成若干小组，让学生以互助合作的方式学习、分享、探究。在这个过程中，学生之间、师生之间可以进行更为充分的交流，加强彼此之间的了解，营造积极、高效的课堂氛围，调动学生的积极性、主动性，产生情绪"升腾"作用，促进学生之间、师生之间的情感共鸣，培育友情、师生情，通力合作。例如，在设计加减法教学微课的时候，就可以让学生小组自测，小组内的学生分别为对方出题、评判。这样不但增强了学生的竞争意识、合作意识，还能使学生在愉快的课堂氛围中锻炼计算能力，一举两得。

（3）在过程中感悟情感。愉快的情感体验能够提高学生学习的效率，增强他们克服困难的勇气和信心，对其产生激励作用。教师在课堂教学之前，需要设计一套系统、完善的情感教学体系，精选教学方法，发挥情感对学生学习、成长的积极作用。具体来说，应该做到如下几点：

其一，学习准备阶段设计。该阶段设计应该以情绪唤醒、情绪体验为主。教师要根据学生的学习状态，采取多元化的导入方式，承前启后，在复习上节课知识的基础上，导入新课，激发学生的学习兴趣，提高教学的一体化程度，唤起学生的探究欲望。学生产生了学习兴趣，在实际的教学过程中，教师只要加以引导即可。

其二，教学阶段设计。教学阶段是整个数学教学体系的核心，教师要精心设计教学活动，调动学生的感官以及参与的积极性。例如，教师可以设置一些探究性的问题，让学生自主思考，调动学习的主动性。通过这些探究活动，学生不但可以掌握系统、扎实的基础知识，还能培养自身探究、分析、解决问题的能力，享受到学习的乐趣。

其三，教学反馈阶段设计。教学阶段结束之后，进入教学反馈阶段。该阶段是整个教学的总结、升华。教师在实际的反馈过程中，要采取鼓励性的评价语言，采取多元化的评价方法，并提出系统化的改进方案。评价方法不仅包括教师评价，还可以引入学生自评、小组评价等方式。学生自评可以提高学生的自我观察、反思能力；小组评价可以提高评价的客观性，促进学生主观认识与客观认识的统一。在以教师评价为主导的考核体系中引入这两种评价方式，不但可以让学生更清晰地认识自我，还能促进学生之间的共享、合作，一举两得。以往的教学反馈只是提出问题，并没有系统地改进、解决方案。为此，教师应该制定学生学习档案，结合档案记录，为学生提出针对性的改进方案，提高学生的学习效果。

2. 逻辑推导线

教师在教学中，不仅要加强知识的教学，而且还要在培养能力、提升思维上下功夫。

（1）设计理念。例如，新课程标准强调的数学学习的基本理念之一是人人学有价值的数学，人人都能获得必要的数学，不同的人在数学上得到不同的发展。这种数学大众化的教育思想，要求在教学设计的时候要力求做到"生活问题数学化"。

（2）问题化设计理念。在教学设计的时候，如果始终将教与学置于各种奇妙的富于思考的问题情境之中，这种设计就是很好地贯彻了问题化设计理念。提出问题是思维活动的出发点，对于知识的学习，如果教师能善于把课堂教学设计成一个又一个生动有趣却又富于思考的问题，那么学生就会真正地处于一种积极的思考状态。我们的教学设计，要处处体现问题化理念，问题化理念的根本目的，就是让学生用脑学习，用脑积极地思考与学习有关的问题。

（3）具象思维向抽象思维转化路径。活动化设计理念在进行教学设计时，如果能将静态的教学内容，通过创造将其设计成动态的过程；将传统的"老师讲，学生听"设计成教师与学生的互动；将传统意义上的"学生除了做题还是做题"的"纸笔方式"创造性地设计成学生动手操作方式。凡是形如以上的以及其他的更多的将教学设计成"动脑思考与动手操作并用、学生与老师互动"的设计思想，就是贯穿了活动化的教学设计理念。在教学设计时，要将教学设计成让"学生尽可能地要动，尽可能性地要多动"。动起来是表象，参与过程中的激发兴趣、开发自主思考是教学设计的出发点。

在微课教学设计中，结合生活经验和理论分析作思考讨论，让学生发散思维与系统开展逻辑思维能力同步训练，学生参与的过程是从直觉系统不断向抽象思维系统的过渡，有效引导两个系统，才能有效提高教学的实效。

3.知识延展线

课堂教学知识的延伸与拓展是一节课的点睛之笔，是创设悬念、激发兴趣，培养学生逻辑思维能力、创新能力、实践能力等多方面的关键所在。

作为微课的一个重要支撑线，基于各类题目的知识延展线是衡量一堂微课深度与广度的标尺。

（1）设计开放习题，拓展延伸思维。拓展性习题，思考容量大，使学生必须"跳一跳，才能摘到果子"。这样，学有余力的学生就会在解题过程中出现强烈的表现欲望，从而产生浓厚的学习兴趣。因为是结合教学内容设计的习题，潜能生也要积极参与思考、探究，从其他同学的解题中受到启发，从而提升能力。开放性是相对封闭性练习来讲的，一般是指条件不完备、问题不完备、答案不唯一、解题方法不统一的练习，具有发散性、探究性、发展性和创新性，有利于促进学生积极思考，激活思路，充分调动起学生内部的智力活动，能从不同方向寻求最佳解题策略。通过练习，学生思维越来越灵活，应变能力越来越强，而不被模式化的定式所禁锢、所束缚。

（2）适时拓展延伸，提升数学素养。一堂课的教学时间是有限的，而阅读不只包括对教材的阅读，还包括对与有关的科普知识及课外材料的阅读，因此可以在课后进行阅读延伸，实施"课内学一点，课外带几点"的学习方法，让学生学会思考，学会应用，真正让学生"吃饱""吃好"，充分挖掘学生的个性潜能，提升学生的素养。

（四）受众参与达成四个深度

1. 深度参与

学习离不开思维的参与，学生思维的参与程度决定着学习过程的质量，也决定着学生获得的知识是否具有生命力。在教学过程中，给予学生适度的思维空间，让学生进行深度思考，有利于培养学生思维的深刻性，实现对知识的深度理解，提高知识的再生能力。要体现自主、合作和探究的学习方式以及新课程教学理念，可以通过教师的模拟对话或者讲解呈现。如小组讨论、分组学习、课前的预习等。要有师生互动，即使面对教师讲课，也要体现学生互动。

2. 深度理解

以数量关系学习为例。学会分析数量关系是解决问题的关键，而这些数量关系，是在人类生产生活中自然产生的。对于学生来说，目前绝大多数数学知识的学习，是在经历一个再创造的过程。对于常见数量关系的学习，教师要善于创设合适的生活问题情境，让这些关系从学生的脑海中自然生长出来。换言之，数量关系并不是教师通过一道道习题教给学生的，而应当是学生在解决生活实际问题的过程中自主感悟、总结、提炼出来的。

如在设计《认识克》一课时，若直接出示题目，学生通过观察图片可以知道"空杯子的质量，空杯子加水的质量"这两个条件，根据这两个条件，由空杯子加水的质量减去空杯子的质量算得杯中水的质量。如果这样去设计，绝大多数学生根据生活经验是能够理解的，而且之后遇到类似的问题时也能够快速解决，但此时学生的思维活动是流于表面的，问题的价值也没有真正得到体现。教师可以在出示图片之前问一问学生："通过最近的学习让我们想一想，如果要知道一袋糖果、一袋盐有多重，我们可以怎么办？"学生自然想到用合适的秤来进行测量。此时进一步追问："那老师现在想测量水有多重，你能开动小脑筋，帮老师想想办法吗？"这时候，学生发现将水直接倒在秤上测量是不合理的，调动起生活中喝水的经验可以想到，可以将水装在一个容器中，先测量出容器的质量，再测量出容器和水的总质量，两者相减就能知道水的质量。比较上述两种教学方法，可以发现前者的数量关系是学生在做题目时通过观察图片得出的，而后者是学生在解决更具有实际意义的问题时自然而然总结出来的，显然，后者更具有价值，更有利于培养学生的思维能力。

3. 深度引领

解决问题的策略不是一成不变的，不同的问题可以有不同的解题策略，更重要的是以前简单的方法在解决新问题时会变得复杂。在进行教学设计时，需要教师的深度引领，引导学生形成与问题最为匹配的解决策略。

例如，在设计《两位数乘两位数》一课的过程中，学生已然能根据以往的经验发现，如果把题中连乘式的后两个数相乘，就能得到相应的算式，它们的结果是一样的。但是，教学止步于此是不够的，教师可以另外出示一个问题："根据刚才所得到的结论，25×16 的结果跟哪一个连乘式子的结果是相等的？"学生会回答："$25 \times 2 \times 8$，$25 \times 4 \times 4$。"此时启发学生进行比较，哪种方法计算起来更方便。学生会发现连乘式子算起来更方便。再回过头来比较 32×30 和 $32 \times 15 \times 2$ 用哪种方法计算更方便，学生则发现是前者。在前几课的教学中，学生进行了非常多的两位数乘两位数的笔算练习，思维处于一种相对固化的模式，而此处多加这一环节的教学，让学生体会到计算的方法不是一成不变的，可以根据算式的特征，运用规律选择更为简洁的运算策略。

4. 深度拓展

课堂教学是一项长期而复杂的教学活动，只有注重知识的延伸与拓展，才能够让学生更好地探索与发现、巩固与提高、创新与实践，所以在教学设计时，做到深度挖掘、深度拓展才能使得一堂微课有宽度、有深度。如在设计苏教版六年级的百分数的知识时，可以进行课堂拓展，让学生把百分数的运用融入生活中，创设生活中关于银行取款、存款等情境，从而使学生在税率、利息、利率等方面运用百分数，这样就可以让知识运用情境再现的方式得到拓展。

三、智博微课的要点

（一）情境导入新课

随着课程改革的不断深入，"创设情境，让学生在生动具体的情境中学习"这一教学理念已被广大教师所接受和认可。作为精细化的微课在情境导入上更是重中之重。

1. 从学生的实际出发，灵活恰当创编行之有效的教学情境

（1）创设"真实的情境"，让学生在解决问题中体验。"真实的情境"是指教学中创设的情境来源于学生的生活实际，符合现实生活中的规律，使学生所学的知识在生活中可以找到原型。

（2）创设有趣的故事化情境。根据不同的课程创作改编出不同的童话故事，引起学生对学习的兴趣和研究，使学生能够在故事所创造的情景中解决问题。故事是低年级儿童最感兴趣的学习素材，以故事的形式演绎"主题图"情境，会引发学生新鲜、好奇、亲近的儿童情趣，有利于产生积极的情感，帮助学生在快乐的氛围中顺利掌握新的学习内容。故事的作用在于使问题更接近学生的心理，调动学生的积极性，起到了"引见以语，导以行"的作用。

2. 正确有效地使用教材的主题情境图

作为师生课堂使用的教材主题情境图往往被许多老师忽视。在设计

课程时舍近求远去找图，挖掘图。殊不知教材的主题情境图是教材编写组专家精心设计、专门配套的。这些主题图色彩鲜艳，富有情趣，符合学生的年龄特点，能激发学生的学习兴趣，吸引学生主动观察，更为教师的教学设计提供了丰富的资源。

（1）深入领会内涵，理解主题图情境的意义，把握教学目标。主题图内容丰富，含义深刻，凝结了众多编者对教育教学的认识、对教学的理解。因此，深入地钻研主题图，切实把握主题图的含义是使用好主题图的前提。"主题图"教学要突出特点，充分挖掘"主题图"中有利于目标实现的教学资源。只有在理解图意的基础上，才能创设生动的主题情境，组织有效的主题活动，课堂才是有效的、精彩的。

（2）充分挖掘主题图情境中蕴含的知识，培养学生的学习的意识。教材以主题图的方式设计了与学生生活紧密相连、富有儿童情趣的主题情境，以激发学生学习的浓厚兴趣与动机。这些情境形式多样，内容丰富，充分体现了学习的价值，为学生的学习提供了丰富的教学资源。然而，有些学生的想法还很天真，他们关注的往往是他们感兴趣的事物，而忽略场景中的教学信息。因此，教师在运用主题图时一定注意把握好图中的教学价值。

（3）充分挖掘主题图情境中所隐含的人文因素，使学生感受知识有情有趣。教学情境的创设既要体现知识与能力的价值，又要体现人文价值，关注学生精神世界，使教学成为学生与知识、情境，师生对话、心灵交汇、情感交流的载体。在教学中一定要把握好教材中"主题图"这一特色，理解其意义和它的价值所在，充分挖掘主题图的内涵，合理安排主题图出现的时机与方式，让"主题图"更好地服务于课堂教学。

（二）自主学习明确分工

在课堂教学中，以学生独立自主学习和合作讨论为前提，以教材为基本探究内容，以学生周围世界和生活实际为参照对象，为学生提供充分自由表达、质疑、探究、讨论问题的机会。倡导学生主动参与、交流合作、探究发现等多种学习活动，改进学习方式，使学生真正成为学习的主人。所以在微课设计时一定要遵循这样的原则，促使学生自主学习。

1. 激发学生自主学习的兴趣

达尔文有一句格言：'最有价值的知识是关于方法的知识。"培养学生的自主学习能力还必须在教学中改进教法，指导学习方法。"授人以鱼，不如授人以渔。"要学生主动地学习知识，关键是教给学生学习的方法和策略，使学生逐步掌握正确的思维方法和学习方法，使学生真正成为学习的主人。

2. 放开时空，引导自主探究

教师要树立强烈的学生意识，把探究机会让给学生，给学生足够的时间和空间去探究，让学生自己选择学习方式，设计自己的活动方案，通过观察、操作、猜测、思考等方法，在研学中获取知识。要做到学生会自己解决的，不提示；学生能自己思考的，不暗示；学生能自己评价的，不先表示，让学生形成自己探究学习的能力和刻苦钻研的精神。

（三）精讲点拨深化理解——板书、比较，做小结

所谓"精讲点拨"，就是指学生在学习过程中存在知识障碍、思维障碍与心理障碍时，教师采用精练恰当的语言进行点拨，启发学生开动脑筋，帮助学生突破障碍，使之思维进程加快，寻找到解决问题的途径与方法。精讲点拨要求教师在教学过程中要少讲，不要包办一切，把现成结论直接告诉学生，使学生成为被动接受知识的容器，而应该充分发挥学生的主体作用，利用学生的认知规律，引导学生自己主动地思考、探索，鼓励学生大胆尝试，力求通过自己的努力获取知识，体验成功的喜悦。微课设计时怎样才能做到精讲点拨呢？

1. 精讲点拨的原则

（1）精讲点拨要以教为主导，体现学为主体的原则。学生的学习过程是一个特殊的认知过程，其主体是学生，教学效果体现在学生身上。只有通过学生的自身活动实践，教学才是最有效的，学生的自主学习才能发挥得淋漓尽致，创新能力也随之提升。

（2）精讲点拨要以面向全体学生为原则。精讲点拨不仅题要选得精，有针对性，而且讲解要到位，要注意方法，使全体学生都能掌握。如果题选得精而讲得不精，只有部分学生掌握，大多数学生还没有掌握，则徒劳无功，不能叫作精讲点拨。真正做到精讲点拨，必须做到题选得精，讲得也要精，使大部分学生都能掌握，面向全体学生，使每个学生都有不同程度的提高。

（3）精讲点拨要注意适度性。精讲点拨若过长、过频，就会容易让学生烦躁，阻碍学生的思维；过短或者过于隐晦，学生就不能很好地心领神会，从而失去了效果；精讲过于清楚，过于明白，就是把思路方法完全暴露给了学生，从而侵占了学生的思维空间，阻碍了学生思维能力的发展。因而精讲点拨一定要适度，不可滥用。

（4）精讲点拨要注意灵活性。主要表现在：第一，方法上的灵活。教学中的问题千变万化，学生的思维阻碍千姿百态，这就需要教师的点拨要注意审时度势，随机应变，针对不同情况采取不同的点拨方式，才能切中要害。第二，程度上的灵活。因为学生的知识水平、理解能力不同，学习过程中所遇到的阻碍大小、多少则一定不同。对于思维能力强的学生，教师只需稍微点拨一下，学生就会茅塞顿开；对于思维能力差的学生，所遇阻碍则较多，老师进行点拨时，透明度高一些，才能解决问题。总之，精讲点拨要根据课型、知识内容与学生接受能力灵活安排。

2. 精讲点拨的设计方法

（1）发散点拨。在设计中，教师要选准思维的发散点，即在设疑中激起学生思考、联想和改变思考方向的焦点，这是突破难点和诱思的关键之处，又是学生凭借已有知识发散开去的"爆发点"。

（2）迂回式点拨。即在设计时针对学生存在的问题不直接点明，而是从旁、间接、暗示性地给予点拨，或"言在此意在彼"地对学生进行启发；或旁敲侧击进行暗示；或迂回曲折进行引导；或在解决问题时，教会学生找到与问题有联系的相似点或相关点，使其得到启发并展开联想，产生灵感，从而找到解决问题的最佳途径。

（3）直接点拨。即直截了当、开门见山、一语破的的点拨方法。遇到复杂问题，预设学生有时候可能尽管心中清楚，但由于对词语的遗忘，或者表达能力有限，一时难以恰当来表述，这时可以设计直接给学生提供词语，帮助其越过语言障碍。

（4）辅助性点拨。在解决难度较大的问题时，当学生的思维活动受智力水平或努力程度不够等原因限制，显得力不从心时，就需要设计辅助性的点拨，助其一臂之力。

（5）收敛点拨。这是与发散点拨相反的一种点拨方法，是指某一个问题仅有一种答案，为了获得这个答案，从不同的方向和角度，将思维直指这个答案的点拨技巧。这是教师为集中解决某一问题，由面到点、由此及彼进行点拨。

第二节　智博微课的制作流程

一、分析阶段

（一）确定内容

制作一节微课，第一步需要做的自然就是选择授课内容，即为选题。智博微课的选题是微课制作最为关键的一环，良好的选题可以事半功倍。微课针对特定的主题，如核心概念、单个知识点、某教学环节、教学活动等，教学目标明确，教学内容清晰，能够在很短的时间内讲解清楚，而且学习者很感兴趣，容易在短时间内掌握。因此，智博微课的选题要在众多的知识点或教学环节中提炼出重点、难点或兴趣点予以重点解答。微课内容可以是知识讲解、题型精讲、技能演示、总结归纳、知识拓展、教材解读、方法传授、教学经验交流等。

学习不像玩游戏那样有趣，在生活碎片时间里利用微课进行移动学习、泛在学习，就要求微课选题实用准确、内容生动有趣，形式短小精练。就像在微博中不能长篇大论一样，微课不适合对过于复杂而又不能分割论述的学习内容进行讲解。因此，对于无关紧要、主题不明显、没有特色或对学习者没有吸引力的教学内容或活动，没有必要将其作为微课进行开发，那样起不到微课引导自主学习的效果，还增加微课管理系统的负担和教学内容的冗余。

（二）学习者分析

智博微课作为一种学习资源，自然是为学习者服务的，所以对学习者进行预先的分析也必然是不可或缺的一步。学习者是哪个阶段的群体？他们的认知特点是怎样的？如何设计出为学习者喜闻乐见的微课？这些都需要开发者去仔细分析。在进行微课视频设计与制作时，要尽量减少学习者的认知负荷。认知负荷理论认为，影响认知负荷的基本因素是学习材料的组织与呈现方式、学习材料的复杂性和学习者的先验知识。微课主题明确，内容短小，要求在尽可能短的时间内将教学内容组织好、讲清楚，而且要生动、有趣。尽量将复杂问题简单化，避免给学习者有限的工作记忆空间带来太大的压力，要适度安排原生性认知负荷，降低无关性认知负荷，优化相关性认知负荷。根据掌握学习操作程序中的形成性评价原则，在微课学习完成后对学习者的学习效果进行形成性评价，有利于巩固、强化所学知识。所以，在微课视频的支持材料中提供适量的练习题，以巩固学习内容。微课的练习题可以是确定性的选择题，也可以是开放性的思考题，对素质教育类学习内容来说，后者更合适。练习题不宜太多，不要增加学习负担，要让学习者有兴趣、有能力主动完成练习。

（三）学习内容分析

在本环节，开发者需要对微课的学习内容进行深入分析，确立教学目标，对本节课程的教学重难点加以探究，合理适当地选取知识点进行微课的制作。

所以在微课内容分析时要关注选题四个点——重点、难点、焦点、易错点，核心是从点出发，以小见大，碎片化结构课程，枝节化呈现知识。

设计原则：

（1）从学习者出发，从观赏者视角考虑设计脚本。

（2）以专业的态度，以完美呈现为标准制作视频。

（四）准备素材

本环节更像是分析阶段与设计阶段的过渡环节。开发者首先需要将分析环节所分析的结果进行梳理，为后面教案设计的环节打好基础。其次，需要对微课中所涉及知识点的相关素材进行收集，可以利用互联网、书籍等渠道查找相关资料与素材，部分素材还需要开发者自己通过一系列媒体制作软件进行原创制作。

1. 制作软件选取

娱乐级软件：爱剪辑、剪辑师等；

入门级软件：Camtasia Studio、会声会影

专业级软件：Edius、Premiere 等。

2. 视频素材分类

图片（文字）jpg、bmp、gif、png 格式；

声音（音、乐）mp3、avi、wma、wav 格式；

视频（动画）mp4（mpeg4）、avi、wmv、swf 格式。

3. 素材的处理

微课作为视频文件出现，在制作时需要对各类素材处理、整合。而一些素材因为录制条件限制或网络下载问题存在不同的问题，需要我们借助不同软件进行处理。视频素材的处理主要包括：

（1）文字

图片嵌入式（使用 photoshop 等图片处理文件将文字嵌入图片文件中）标题字幕（使用视频自带软件进行文字编辑）；

外挂字幕（srt、lrc）。

（2）图片

①图片格式

jpg：常用的图片压缩格式；

bmp：位图文件，也被称为标准图像文件；

gif：动画文件；

png：透明文件。

②软件选择

常用软件：美图秀秀、光影魔术手等；

专业软件：Photoshop。

③图片常规处理

剪切；

改变图片大小；

拉伸；

抠图（设置透明底色）。

（3）声音

Gold Wave 或视频处理文件均可实现声音文件的裁剪和音效整合。

（4）视频

①视频素材的获取：视频网站注册，获取录屏；

②视频素材的处理：视频剪切；

声画分离；

格式转换。

二、设计阶段

（一）智博微课脚本设计

好像电影有剧本一样，微课也要有"镜头脚本"与"剧本"，我们可以将它称为脚本。本环节的任务就是要将微课进行详细规划，微课中的词句表述、时间安排、场景编排，都要进行布置和描写，可以将其理解为教学环节的升级细化版。

附录：

智博微课设计

——关于角，你必须知道的知识

作者：李兆刚　　　　学科：数学　　　微课时间：3分钟

微课名称	关于角，你必须知道的知识！		
知识点来源	教材： 章节：		
基础知识	学生对角已有初步的感知和层次性的认知		
教学类型	复习总结型		
媒体使用	PPT、希沃一体机录屏、后期配音、会声会影整合		
设计思路	本节微课是帮助学生整理和复习角的关键知识，需要在短时间内浓缩所有知识点，便于学生记忆和二次学习。所以在设计时分为三个层次：一是角的感知，感知大小，感知用途、感知美；二是角的分类，利用微课视频展示，按从小到大的顺序感知角、认知角；三是量角与画角，利月一体机操作录屏展示量角与画角的知识点与注意点。		
教学过程			
	内容	画面	时间
一、片头	角在我们生活中无处不在，广泛应用。	PPT展示第1张	7秒以内
二、课题引入	飞机起飞时机头与跑道形成一定的角度才能冲上云霄。	PPT展示第2张	8秒
	不同角度的滑梯让小朋友们尽情体验畅玩的快乐。	PPT展示第3张	7秒
	建筑上大量使用的直角，欧式建筑上精致的锐角，中式建筑上大气的钝角。	PPT展示第4—7张	10秒
	都让我们的生活充满几何之美，数学之美！	PPT展示第8张	4秒
	那么，同学们，关于角，有几个知识你一定要记住。	PPT展示第9张	6秒

三、正文讲解	首先是角的定义。从一点引出的两条射线可以组成角。因为射线的一端是可以无限延长的，所以角的大小与角两边的长短无关，而与两边张开的大小有关。	PPT 展示第 10—12 张	18 秒	
	所以即使是放大镜，放大的也只是角两边的长短，而改变不了角度的大小。	PPT 展示第 13 张	10 秒	
	其次是角的分类。我们把角的一边从0°开始展开，分别得到许多不同的角。	PPT 展示第 14 张	8 秒	
	小于90°的是锐角，等于90°的角叫作直角，大于90°而小于180°的角是钝角。当角的两边成一条直线时就得到一个平角。	PPT 展示第 15—18 张	26 秒	
	角的一边旋转一周又回到原来的位置与另一边重合时就得到一个周角。周角的形成正好对应一个成语：周而复始。你能理解它的意思吗？	PPT 展示第 19 张	18 秒	
	量角与画角。大家一定要记住两个原则。"两重合，一细看"。	PPT 展示第 20 张	10 秒	
	无论是量角还是画角都要做到角的顶点与量角器的中心点重合，这叫点重合。	画角录屏	12 秒	
	角的一边与量角器的0°线重合，这叫边重合。	量角录屏	6 秒	
	最后一定要细看角的另一边对应的是内刻度还是外刻度，然后才能正确地量角或画角。	录屏延展	12 秒	
四、微课小结	掌握了这些，你才算真正了解了角，接下来同学们就去探索更多关于角的知识吧！	PPT 展示第 21 张	10 秒	

五、教学反思	本节微课的知识点是在学生已经按照课程内容学习完相关知识后进行的角的整理与复习。需要做到的是以精练的语言和高度整合的概念流程帮助学生梳理已学知识，形成对角的知识的回顾性、整合性学习，方便二次学习。所以在微课教学中引入部分简练处理，重点突出角的分类、量角与画角等知识点。结合丰富的课件展示和精练的语言设计让学生短时间内形成对知识点的回忆与整合，帮助学生复习与回顾。

（二）练习设计

一节微课如果仅仅有一个视频的话，那么便达不到"完整"这一标准，开发者还要考虑到与本节微课相关配套资源的设计。（示例）

六、拓展练习	1. 猜一猜，量一量。 猜一猜：（　　　）　（　　　）　（　　　） 量一量：（　　　）　（　　　）　（　　　） 2. 议一议，画一画。 （1）一个长方形，减去一个角，还剩几个角？ （2）分别画一个 40° 或 160° 的角，说一说你的画法。 （3）拿出三角板看一看，拼一拼，想一想，用一副三角板你能画出几种不同的角？ ＿＿＿、＿＿＿、＿＿＿、＿＿＿、＿＿＿、＿＿＿ ＿＿＿、＿＿＿、＿＿＿、＿＿＿、＿＿＿、＿＿＿ 3. 想一想，比一比。 右边每个图中的∠1和∠2相等吗？为什么？

（三）制作阶段

1. 制作流程

（1）微课主题确立

（2）微课方案撰写

（3）素材准备

（4）素材导入

（5）素材编辑

（6）检查梳理

（7）渲染生成

2. 教师常用微课程制作方法举例

（1）手机摄像（纸上书写，白板书写，实体操作）；

（2）PPT 讲解＋批注（录屏、录音）

充分发挥 PPT 艺术优势；手写和即时批注互动；语言讲述传递现场情感。

第七章 微课程研究成果

第一节 角的整理与复习

教学目标：

（1）对角的概念、角的分类、量角、画角等有关概念、知识进行梳理与小结。

（2）培养学生对角大小的进一步感知与理解能力。

（3）通过分析、比较，拓展解决一些实际问题。

（4）培养学生的实际操作与自主探索能力，感受数学学习的乐趣。

教学过程：

一、知识梳理

（1）谈话：同学们，我们已经认识了角并且学习了和角有关的知识，课前老师让大家把和角有关的知识点进行分类和整理，并记录在学习单上，大家都准备好了吗？谁愿意和同学们分享一下呢？

（2）微课小结。

这几个同学说得都不错，那么这里老师也对相关知识进行了小结、整理，并制作成了微课，请同学们边看边想，边看边在心里记录。

【设计意图】作为一节复习课、练习课，需要对前面所学知识进行有效整理和归纳。而本节课需要更多的时间留给学生去练习、去探索，这就需要老师有效利用资源在最短时间内完成知识的梳理。此时微课的有效应用真正解决了以上问题。以"关于角，你必须知道的知识"为题的微课从角的定义、角的分类、画角、量角全方位对角进行分析。精准的语言、精美的画面，得以让学生在三分钟的时间完成知识回顾，有效地提升了课堂效率。

二、知识应用

谈话：看完了微课，你觉得自己对角了解了吗？那准备好接受挑战了吗？

猜一猜：（　　　）　　（　　　）　　（　　　）

量一量：（　　　）　　（　　　）　　（　　　）

能说一说，你是怎么猜的吗？

【设计意图】本环节的设置是让学生先感性地猜，在无形中建立各种角的感性认知，再让学生量，以理性的方式让学生验证自己的感性认知，形成知识的升华。

议一议，画一画。

（1）一个长方形，剪去一个角，还剩几个角？

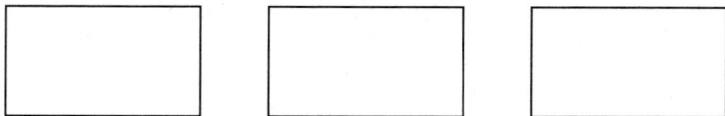

（2）分别画一个40°或160°的角，说一说你的画法。

（3）拿出三角板看一看、拼一拼、想一想，用一副三角板你能画出几种不同的角？

【设计意图】本环节设置了一组梯度性的角的认知练习，让学生以梯度的方式逐步了解角、深入认知角、有效感知角。

三、巩固练习

（1）一个放大 100 倍的放大镜看一个 90° 的角，看到的角的度数是（　　）

A.900°　　　　　　B.90°　　　　　　　C.9000°

（2）三角形越大，内角和（　　）

A. 越大　　　　　　B. 不变　　　　　　C. 越小

（3）在 21：00 时，钟面上的时针和分针成（　　）

（4）在直角三角形中，两个锐角的和是（　　）

A. 锐角　　　　　　B. 直角

C. 钝角　　　　　　D. 平角

（5）一个钝角可以分成 1 个直角＋1 个（　　）角

（6）如图，已知 ∠1 为 160°，那么 ∠2 是（　　）

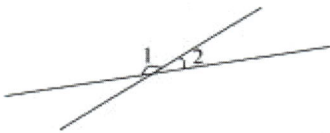

A.180 度　　　　B.110 度　　　　C.20 度　　　　D.60 度

四、课堂竞赛

分组竞赛，规定时间内完成 5 道习题，集中讲评。

（一）单选题（共 4 题，共 8 分）

1.图中有几个角（　　）

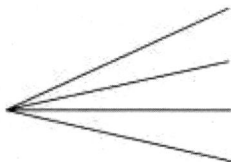

A.10　　　B.6

（2）图中有（　　）个角。

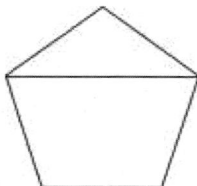

A.7　　　B.8　　　C.9

（3）一个平角可以分成1个锐角＋1个（　　）角

（二）填空题（共1题，共2分）

如图，已知∠1＝30°，那么∠2＝＿＿＿°，∠3＝＿＿＿°

【设计意图】本节课最突出的地方是练习，因为作为一堂复习课，要让学生在不同类型、不同梯度的练习中完成知识的深化，因为有了前面微课的铺垫，节省了教学时间，得以让本课有丰富的题量。本课设计了课内抢答、齐答、小组竞赛以及课后拓展等丰富形式的练习，使得本节复习课内容充实、高效、有效。

五、课堂小结

（1）本节课学习了什么？

（2）推荐阅读《走进奇妙的几何世界》《几何原本》。

（3）课后练习。

第二节 《认识三角形》教学设计

【教学内容】苏教版数学教科书第八册 75 页例 1 和"试一试"，76 页例 2、"试一试""练一练"，完成练习十二 1—4 题。

【教学目标】

知识与技能：

（1）使学生联系已有的知识和经验，通过观察、操作、测量等具体活动，认识三角形的基本特征，初步形成三角形的概念；

（2）知道三角形的高和底的含义，会用三角尺画三角形的高（限在三角形内）；

（3）在解决问题的过程中发现三角形具有稳定性，知道三角形的稳定性在实践中有广泛的应用。

过程与方法：使学生经历探索和发现三角形基本特征及三角形具有稳定性的过程，积累一些观察和操作、比较和分析、抽象和概括等活动经验，体验数学抽象的一般过程，发展空间观念。

情感态度与价值观：使学生在参与数学活动的过程中，获得一些学习成功的体验，进一步激发其数学学习的兴趣，树立学好数学的信心。

【教学重点】理解三角形的特征、理解三角形具有稳定性、掌握三角形高的画法。

【教学难点】三角形高的画法。

【教学准备】课件、拼成三角形的小棒

【教学过程】

一、引入

孩子们，今天我们要进一步来认识三角形（板书课题：三角形的认识）。

二、展开

（一）教学三角形的基本特征

（1）在展开学习之前，老师想知道你们已经了解了哪些有关三角形的知识？

学生：三角形有三条边（强调：三条边都是线段，线段有两个端点）、三个角……（板书：三条边三个角）

投影展示三条边、三个角，并说明两条边的交点叫作三角形的顶点，展示三个顶点。（说明：线段的端点也就是三角形的顶点）（板书：三个顶点）

【设计意图】三角形作为学生生活中常见的平面图形，加之低年级对三角形直观认识，学生对其基本特征已经有了较为感性的认识，此处开门见山，尊重学生的认知基础，避免不必要的资源浪费，为课堂探究节约时间和空间。

提问：一条线段有两个端点，三条线段应该有6个端点，为什么现在三条线段只有三个顶点？

投影展示围成三角形的过程。（说明：在数学上叫作首尾相接，并板书：首尾相接）

强调：既然首尾相接，那当然是围成了这样一个图形了。

教师：也就是说，三角形是由三条线段首尾相接围成的图形。（板书）

判断：下面哪些图形是三角形？哪些图形不是三角形？为什么？

【设计意图】由线段的端点和三角形三个的顶点的认知冲突，激发学生探究热情，解决首尾相接的认知难度，建立数学模型，通过反例对比分析，强化对三角形特征的理解。

（2）想不想画一个三角形？

尝试完成"试一试"，得出结论：三角形的3个顶点不能在同一条直线上。

【设计意图】让学生从 4 个点中任选 3 个点画三角形，使学生认识到三角形的 3 个顶点不能在同一条直线上，进一步强化学生对三角形基本特征的认识，也为下节课探索三角形的三边关系做铺垫。

（3）出示摔成两段的三角形：

提问：你觉得怎样可以把三角形还原成和原来一模一样？

学生说一说自己的看法和理由。

教师：（投影展现 A 和 B 的变化过程）确定了三个角，其实也确定了三个顶点。

说明：一个完整的三角形三个角、三条边、三个顶点，缺一不可。

【设计意图】进一步强化学生对三角形基本特征的认识，说明完整的三角形三个角、三条边、三个顶点缺一不可的道理，拓展学生的空间意识，同时为学生进入中学研究判断三角形全等的角边角定理埋下一颗种子，等待其生根发芽。

（二）探索三角形的稳定性

小组合作，从四长三短的七根小棒中选出三根拼成一个三角形，剩下的拼成四边形，出示活动要求；

（1）从材料袋的七根小棒中任意拿出三根，围成一个三角形；

（2）用剩下的四根小棒围成一个四边形；

（3）教师：小组内每个同学拉一拉围成的三角形和四边形，你们有什么发现？学生：三角形拉不动，四边形可以随意拉动。

教师：相对于四边形容易变形的情况，三角形具有一个非常重要的特征——（板书：稳定性）

提问：你知道为什么三角形就具有稳定性，而四边形却容易变形呢？

观察引导：只要选择相同的三根小棒，所拼成的三角形一定是相同的，而四根小棒可以拼成无数个形状不同的四边形。

教师：你能想个办法让四边形变得稳定吗？

出示：四边形、五边形、六边形被分成三角形的投影，说明：当将这些图形分成若干个三角形后，也能变得稳定。

投影展示生活中的运用，并引出人字梁。

【设计意图】注重合作意识的培养，通过三角形和四边形的对比，加深对三角形稳定性的认识，在引导探究为什么三角形具有稳定性的过程中，激发学生的思维。同时注重与生活的衔接，培养学以致用的数学品质。

（三）认识三角形的底和高

1. 认识人字梁的高

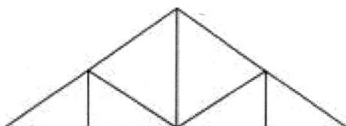

谈话：你们看，这是建筑中的常用的人字梁，从侧面看它其实就是一个三角形。

（1）如果要量这幅图中人字梁的高，应该从什么地方量起？

（2）量人字梁的高，实际上就是量图中哪条线段的长？

（3）人字梁的高和下面的这条线段有什么关系？（互相垂直）所以我们要标上直角标记。

质疑：为什么不是这一条呢？（指较短的两条竖着的线段）

（4）抽象出三角形的高。

如果我们把人字梁所表示的三角形画下来，像这样：从三角形的一个顶点向它的对边作一条垂直线段，这条垂直线段就是三角形的高，这条对边就是三角形的底。

请同学们看图，同桌互相说说什么是三角形的高？什么是三角形的底？

小结：从三角形的一个顶点向它的对边作一条垂直线段，这条垂直线段就是三角形的高，这条对边就是三角形的底。

【设计意图】从人字梁的高度引入，为学生自主构建三角形高的概念奠定基础，使三角形的高有了生活原型，进而抽象出底和高的概念，学生对三角形的底和高含义的认识更为清晰。

2. 教学"试一试"

（1）师生观看微课"三角形的高"，初步学会画三角形的高。

提问：通过观看微课你学会画三角形的高了吗？黑板上这个三角形，如果以这条边为底，你能画出它底边上的高吗？谁愿意上来试一试，其他同学仔细看。

小结：画三角形的高其实跟我们以前学习过的从直线外一点向已知直线画垂线段的方法是一样的。先找与底相对的顶点，再从这个顶点起向底边画一条垂直线段，它就是三角形的一条高。

（2）学生练习画高。

出示另外两个三角形。

提问：如果调皮的底跑到这里了呢？与底相对的顶点在哪里？如果以它为顶点，与它相对的底在哪里呢？

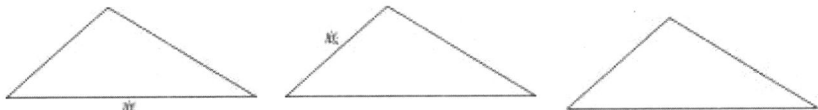

学生练习画高，展示学生的作品。

谈话：谁愿意帮这位同学来检查一下他的高是否画正确了？

小结：在三角形中每一条底都有它相对应的高，就像一把钥匙只能开一把锁一样。

谈话：细心的同学有没有发现这三个三角形是完全一样的。如果我们把这三个三角形合在一起。仔细观察你发现了什么。

小结：每一个三角形都有 3 组相对应的底和高。

【设计意图】通过观看微课吸引学生的注意力，让学生先在模仿中探索，再通过师生交流理解并掌握画高的方法，在学生逐步形成操作技能的基础上，举一反三，通过变换底和顶点的位置，促进学生对底和高理解的整体把握。

3.完成练习十二第1题。

学生独立完成，展示交流，重点解决直角三角形高的画法。

三、总结

（1）孩子们，通过今天的学习，你有什么收获？

（2）教师：同学们，如此常见的三角形，还存在着很多神秘的色彩，我们看：夏季晚上星空中的夏季大三角作为夏季星空的路标，指引着无数的行人；《达·芬奇密码》中的三角形，被赋予了圣杯、刀剑等含义，充满了神秘主义色彩；再比如胡夫金字塔，它的每个面都是三角形，除了惊人的高度和重量之外，更有着许多神秘的数据巧合，等待着我们去探索发掘。

看，三角形有着这么多的内涵，从天到地，从古至今，引得无数数学爱好者为它着迷。如此神秘的三角形，需要你们继续不懈地去探索它的奥秘！

【设计意图】走出数学孤立主义的阴影，数学的内涵十分丰富。优秀的数学文化，会是美丽动人的数学王后、得心应手的仆人、聪明伶俐的宠物。伴随着神秘的色彩，数学会变得生机勃勃、有血有肉、光彩照人。给学生埋下一颗探索的种子，让学生进一步喜欢数学、热爱数学、探索数学。

【**板书设计**】

认识三角形⇒稳定性

三条边三条线段首尾相接围成的图形叫作三角形。

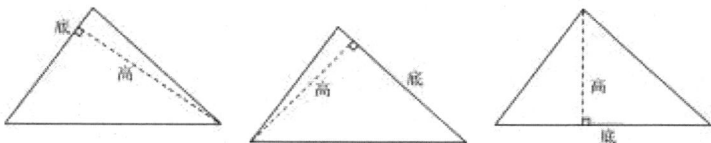

第三节 《数字与信息》教学设计与评析

[教学内容]

苏教版小学数学四年级下册第 104—105 页。

[教学目标]

（1）通过对生活中数字编码现象的观察、研究和分析，使学生发现一些常见的数字编码信息，学会解析和判断身份证所反映的出生日期、性别等信息，能进行初步的数字编码，解决一些生活中简单的实际问题。

（2）通过组织学生收集和探究生活中的数字编码现象，经历自主探索、合作交流等过程，培养学生的数学观念及收集信息、处理信息和发现规律的能力，培养学生思维的发散性和独立性。

（3）通过对数字编码信息及价值的研究，进一步激发学生对数学学习的兴趣，体悟数学的价值，并在利用数字进行编码，解决生活中的编码问题的过程中，使学生享受数学学习的成功和快乐。

[教学重点]

组织学生收集、观察、分析数字编码现象，了解生活中一些常见的数字编码的含义及方法，探索发现身份证等编码基本知识，学会分析和获取编码信息，解决一些简单的生活中的数字编码问题。

[教学难点]

正确理解数字编码的方法，发现身份证等编码信息及基本编码方法，能正确、合理、灵活和科学地自主编制一些生活中的数字编码问题。

[设计理念]

本节课的教学对象是四年级学生。10 岁左右的孩子正好处在从低年级向高年级的过渡期，这时候的孩子开始转变思维方法，偏重对自己喜欢的事物进行分析。研究还发现，这个时期的孩子抽象概括分类比较和推理能力开始形成，思维开始从模仿向半独立和独立转变。基于这样的年龄特征分析，我确定了以下三个设计目标：

（1）找准学生的认知起点。学生数字编码的认知起点是什么呢？其实学生在过去的学习或生活中都有过编码的经验。在充分唤醒学生经验的基础上，使学生有意识地进编码。

（2）切合学生的认知规律。借助"刮一刮、说一说"游戏帮助学生将数学知识与原有的生活经验相对接，能够激发学生的学习愿望，整节课注重与学生的互动交流，让学生体验成功的快乐，在快乐的氛围中完成编码。

（3）加强数学思想的渗透。本节课是一节综合实践活动课，主要是通过学习身份证号码中蕴含的一些信息和编码的含义，探索数字编码的简单方法，向学生渗透数学编码的数学思想。通过本次实践活动，让学生了解数学与生活的广泛联系，学会综合运用所学知识和方法解决问题，同时培养学生思维的独立性和发散性，从而培养学生的创造性，获得运用数学解决问题的方法，并能与他人进行合作交流。

[教学准备]

（1）学生自主采集生活中数字编码的信息。

（2）收集父母及本人的身份证号码。

[课前交流]

同学们，猜一猜老师来自哪里？你还知道老师哪些信息？

现在老师来猜一猜你的信息。

一、游戏引入

同学们喜欢做游戏吗？

今天，老师就带来了一组数字并请同学上台来参加这个"刮一刮、说一说"的小游戏，哪些同学愿意来参加？

110　120　119　112　12315　320830197312051840

师生互动说前 5 个电话号码以及其中的信息。

大家发现这些号码都有一个特点吗？他们的位数都怎么样啊？（短）

（板书：简洁）

是的，这些特殊电话号码都很短，让人们好记，用起来方便，传达着重要的信息，今天我们就一起学习"数字与信息"。（板书课题）

【设计意图：以学生喜欢的游戏形式"刮一刮、说一说"情境引入，激发学生的兴趣，让学生从生活的实际事例感受到数字编码的价值。讲解"110、120、119"这些电话号码中的信息时更是尊重了学生已有的知识和经验，让他们展示了真实的思维过程。】

二、主动探究

（一）比一比（对比师生身份证号）

最后刮出的这个是什么号码啊？（身份证号）

大家发现这个号码很长吧，请同学们读一下，老师把它在黑板上写出来。（板书老师身份证号）

观察老师身份证号，你能了解老师哪些信息？

有谁愿意把你的身份证号也报来跟大家分享一下？（板书学生身份证号，男女生各一人）

（二）说一说（个人身份证号码表达的信息）

观察这些身份证号你有什么发现？

（1）小组讨论交流。

（2）师生交流反馈。

学生代表充分表述，其他学生可以补充：身份证号都有18位，第7至17位是出生日期码，前6位是行政区划地址码。

问：不同人的身份证号码会相同吗？不同的身份证号码中有相同的部分吗？（板书：唯一）

追问：两个身份证号码中的出生年月有什么不同？为什么要用零几零几来表示？

明确：为了每个人的号码位数一致，表示月份和日期都是用两位

数，如果是一位数就要用 0 占位，说明身份证号码是按一定规律科学编排的。（板书：规律）

再问：有的身份证号的最后一位是 X，你知道为什么吗？（最后一位是校验码，一般是数字 0—10，如果是 10 就用 X 代替）

（三）猜一猜（家庭成员身份证号信息）

老师还能从你报出的身份证号猜出是谁，试试看？

（学生报出自己收集的身份证号，老师写在黑板上再猜）

想知道老师是根据什么来猜的吗？

（四）看一看（"微课"学习）

下面请同学们欣赏一段微课视频来深入了解一下身份证号中的奥秘。

在刚才视频中你又学到了什么？拿出课前调查单，结合爸爸妈妈身份证号上的信息和同桌说一说。（找一两个代表说说，建议记住父母的生日，每年父母生日时送上生日祝福）

对于身份证号你还有什么疑问？

【设计意图：本环节旨在让学生通过与家长交流、上网搜索了解自己的身份证号码以及身份证号码中包含的信息，培养学生搜集信息的能力。通过让学生观察、对比、交流搜集的信息，培养学生与人合作的交流的能力。通过让学生质疑、分析判断，体会身份证号码的科学、规范、合理性，培养学生善于提出问题、发现问题的能力；对问题善于思考，学会用发展的眼光观察生活，这样的设计符合学生的认知规律。】

三、学以致用

（一）说一说（生活中的数字信息）

除了身份证号，我们生活中还会遇到很多有关数字的信息，课前大家已经进行了调查，谁愿意和大家进行分享？（找两个有代表性的，展台呈现学生调查单）

同学们知道的这么多啊！这里老师也给大家带来一些数字信息，课件出示：

（1）邮政编码

（2）门牌号

（3）银行卡

（4）车牌号

（5）高铁票

（6）条形码（图片和书本实物条形码中包含着重要的信息，而且在生活中有着广泛的应用，建议同学们课后对条形码作进一步的调查比较）

（7）电线杆标号（电线杆上的标号，代表某路段的某杆，相当于人的身份证号码，是检修或110报警的地点标记，说出电线杆或路灯杆的编号，相关部门就可以准确知道你所在的地点）

……

（二）选一选（小游戏）

某宾馆有2栋客房大楼，分别是A楼和B楼，每层都有20个房间。每个房间都有自己的房间号，现在一个旅游团入驻这个宾馆，导游给大家分发了房间号，请你根据房间号确定客人应该住到哪栋楼的几楼。

（1）先读题思考，再在小组内说说。

（2）两个学生代表操作。

（3）说说你是怎么思考的。

（三）编一编

再有二十几天就要元旦了，准备举行一次全校读书竞赛，如果要为全校同学编准考证号，你想表达哪些方面的信息？准备怎样设计？小组合作，写出小组成员每个人的准考证号。

（1）拿出学习任务单，小组商议编写。

（2）选择两组代表性的拍照上传，并说说思路。（在表示班级和学号时，有的同学是一位数，有的是两位数，怎样编才能规范）

（3）如果教育局组织全市各学校学生参加读书竞赛，还要添加哪些

信息？（学校代码）

（4）每个学生都有一个学籍号，出示几个，了解各部分信息。（学校代码入学年龄个人编号）

【设计意图：学以致用，既巩固了对"数字编码"数学思想的理解，同时将问题延伸到生活中去，有效检测了学生掌握知识、运用策略的能力。设计"说一说""选一选"的情境，将练习奇妙地融入学生喜闻乐见的活动中，寓教于乐，让学生乐学而善学，也让学生感受到数字编码在生活中本来就存在，体会生活中处处皆数学。通过"编一编"真正将所学知识进行运用，增加了教学活动经验，在快乐的活动中提升了数学思维能力，培养了学生的创造性。】

四、总结延伸

（一）本节课学习你有哪些收获？

（1）学生自由归纳总结

（2）欣赏微课小视频

（二）从简单数字到条形码、二维码，数字化、信息化时代已经到来，生活中还有很多数字信息等着我们去研究发现

【设计意图：数学课堂活动的结束，并不是学习的终结，本节课的学习是引导学生探索精神的开始，课堂总结，运用微课让学生领略丰富多彩的数字信息，帮助学生梳理了知识，对学生的学习能力、情感目标都进行回顾，对本节课的教学内容再次升华。】

组讨论的过程，是实践探究的经历。让学生充分经历磕磕绊绊、曲折困难的学习过程，体会、感悟知识的形成是一个数学老师的根本初心。

第四节 解决问题的策略—从条件想问题

【教学内容】

教科书第 71—73 页例 1 和"想想做做"第 1—3 题。

【教学目标】

1. 在解决实际问题的过程中初步学会从条件开始分析数量关系，寻找解决问题的有效方法，并能分析利用这些条件解决相关问题。

2. 通过解决实际问题，感受从条件出发解决问题的策略，培养主动运用有关策略解决问题的意识，发展分析、归纳和简单推理的能力。

3. 进一步积累解决问题的经验，增强与人合作交流的意识，获得解决问题的成功体验，提高学好数学的信心。

【教学重点】

掌握用从条件出发解决问题的策略。

【教学难点】

将本课学习的策略内化成自己的问题解决策略。

【教学过程】

一、铺引：

猜一猜：小朋友们，你们能猜一猜老师今年多大了吗？（学生自由猜想）追问：你能确定吗？今年多大了？

问生：你今年多大了？（9 岁）如果我告诉你，我比你大 36 岁，你现在能确定我的年龄了吗？你是怎么想的？

小结：对啊，其实在日常生活和数学学习中，有了必要的条件就能帮助我们顺利解决遇到的问题喽！（板书课题）

【设计意图：数学来源于生活，应用于生活。在导入环节，根据学生的生活经验、认知水平设计让学生猜教师的年龄，由课外到课内，有效架起了新旧知识的桥梁，让铺引成了有价值的链接。通过有趣的导入，让学生的思维在趣味中起舞，让学生的求知欲在上课伊始被充分激

发。】

二、探究：

小猴也遇到问题了，你们能帮帮他吗？

师：果园里的桃子都成熟了，小猴看到妈妈很辛苦，去帮助妈妈摘桃，而且小猴越摘越厉害，摘的桃子越来越多。你瞧！（课件出示例 1）

提问：从题中你知道了些什么？（条件、问题）（板书）

（一）理解题意

1. 你觉得哪句话说明小猴摘桃越来越厉害？（以后每天都比前一天多摘 5 个）

2. 你是怎么理解这句话的？

预设：

（1）第二天比第一天多摘 5 个，第三天比第二天多摘 5 个……

（2）第一天摘的个数加上 5 就是第二天摘的个数，第二天摘的个数加 5 就是第三天摘的个数……

（3）第三天比第一天多摘 5+5 个，第四天比第一天多摘 5+5+5 个……

追问：第六天比第一天多摘多少个？第七天呢？

第三天比第二天多摘 5 个，第四天比第二天多摘 5＋5 个……

3. 师生共同归纳小结：

【设计意图：呈现问题情境，在明确已知条件与所求问题之后，通过谈话及时指出解决问题本身并不是本节课的主要目标，大家所要关注的应是解决问题过程中的思考方法，也就是解决问题的策略。这样就有效地将学生的数学思维引向了更高的境界。】

（二）解答问题

1. 现在你打算怎样解答？

2. 展示学生解答，学生解说思路，教师评价，讲解。

【设计意图：先引导学生依据两个已知条件说说能够算出什么，再进一步讨论能够根据条件算出的这些问题之间的联系，有利于学生在形成解题思路的同时，体会蕴含其中的解题方法。】

（三）归纳策略

1.这些不同的解法，有什么相同的地方？

预设：

（1）答案相同

（2）都用到30和5这两个条件

2.回顾一下解决这个问题的过程，你有什么体会呢？预设：

（1）读清题目中每个条件的含义，看清要求的问题。——理解题意（板书）

（2）从条件开始想起，确定先算什么，再算什么。——分析关系（板书）

（3）可以列式计算，也可以列表找出答案。——列式解答（板书）

小结：像这样，从已知条件出发分析和解决问题的方法，是一种常用的解决实际问题的策略，希望同学们在今后的解决问题过程中，主动地加以运用。（板书：从条件想起）

【设计意图：把列式解答的过程与列表求出答案的过程进行比较，启发学生找出其中的共同之处，不仅使得本节课学习的策略得以明朗，而且能使学生充分感受到策略对于解决问题的价值。】

三、练习

（一）完成"想想做做"第1题

1.天平图

知道这是什么吗？——砝码，称出对应的重量。从图中你知道了哪些条件？

根据条件，你可以提出什么数学问题？

127

2. 文字题

你能根据题中产条件提什么问题吗？

（二）完成"想想做做"第2题

从题目中你知道了哪些条件？从这些条件又想到了什么？

师："如果每次弹起的高度总是它下落高度的一半"是什么意思？

【设计意图：通过以上与例题相仿的问题解答，有利于学生进一步感受从条件想起策略的特点，不断增强主动运用策略解决问题的自觉性。上面的教学活动，也在一定程度上体现了由易到难、由扶到放的层次性，有助于学生在解决问题的过程中不断丰富策略体验，逐步提高应用能力。】

（三）拓展题

在老师的学校，每周五下午都会开设丰富的社团课程，孩子们非常喜欢！这里有一些关于社团的信息，你能从这些条件中，选择三个，圈出来，然后提出一个数学问题并解答吗？

（1）科技社团有5个班；

（2）科技社团每个班有12人；

（3）数学社团人数是科技社团的一半；

（4）舞蹈社团人数比科技社团少16人；

（5）科技社团共有33名女生。

组内交流，集体分享，课后延伸（有兴趣的可以选择更多的条件，提出不同的问题并解答）

【设计意图：美国心理学家罗杰夫认为："成功的教学依赖于一种真诚的尊重和信任的师生关系，依赖于一种和谐安全的课堂气氛。"小学生思维活跃，求知欲强，拓展题的练习鼓励学生大胆想问题、提问题，在讨论中给予肯定与表扬，作出合理的评价。注意调动学生的自信心，让学生相信自己不但能提出问题，而且还能积极探索和解决问题。】

四、总结

师：同学们，这节课你感觉自己表现得如何？有什么收获？

（一）学生代表分享交流。

（二）微课总结

【设计意图：针对三年级学生的年龄特点和认识水平，精心而巧妙地设计"微课＋课堂"的学习形式，不仅深受孩子们的喜爱，而且为本节课锦上添花。"微课＋课堂"的总结方式使得课堂的内容在广度和深度上都有所拓展，较好地完善了知识体系。】

第五节　通联数学与生活　培养合格公民

——《小小商店》教学设计与思考

[教学内容]

苏教版小学数学一年级下册教材第72、73页。

[教学目标]

（1）通过引导学生亲身参与实践活动，加深对钱币及其价值的认识；能在小小商店实践活动中成功购物，能正确计算购物活动中的简单的价格、总价、找钱。

（2）学生通过实践体验购物的过程，体验生活里的数学，了解购物需要注意的一些问题，发展学生应用数学知识的能力，培养初步的社会实践能力。

（3）在参与实践活动的过程中，进一步培养与他人合作交流的能力，产生对数学的积极情感和对数学实践活动的兴趣，增强数学应用意识。

[教学重难点]

进一步掌握人民币的简单计算，培养学生解决问题的能力，养成良好的购物态度。

[教具准备]

课件、商品、售货员胸牌 3 个、售货员围裙 3 条、总经理胸牌 1 个、价格标签、白板笔、学具币、购物清单、售货清单。

[教学过程]

课前活动：韵律操《小苹果》

一、情景导入，激活经验

师：今天老师给大家准备了两张照片，瞧！这是哪儿呀？

生：大润发。

师：对，这就是我们这里最大的超市，也是我们购买物品的好去处。小朋友们平时去超市最喜欢哪个柜台买东西呢？为什么？

生 1：……

生 2：……

生 3：……

师：看到自己喜欢的物品想把它们买下来呀？

生：想！

师：哪位小朋友能说说你用钱买过哪些物品呢？

生 1：……

生 2：……

生 3：……

师：我们班的同学真的挺能干的，都会自己买东西了。今天老师有个提议，我们也来开办一个小小商店。（板书：小小商店）玩一个买卖商品的游戏，好吗？

生：好。

师：作为一个商店，首先要有货源，也就是商品。老师课前已经布置同学们准备了，你们带来了吗？

生：带来了。

师：老师把柜台准备好了。今天将开设 3 个柜台：玩具柜、食品柜、文具柜。现在请想一想你准备的物品应该放在哪个柜台出售，想好了再放上去。

注意要求：请你把价格牌整齐的排在商品的前面，我们比一比哪一个小组排放得最整齐。

【设计意图：用身边熟悉的画面——超市，唤起学生已有的生活经验，激发学生创办小小商店的兴趣。用学生自己带来的各种用品来创办"小小商店"，并设计小朋友喜爱的、富有童趣的柜台名称"玩具柜""食品柜""文具柜"，有利于吸引学生积极参与活动。通过对物品的分类，加强与现实生活的联系，知道商店的商品要按类别进行摆放，又为学生提供了一次运用统计方法的机会。而分类摆放、检查的过程则充分体现了学生的主体作用。】

二、活动驱动，提升经验

活动一：招聘售货员、小经理

师：看到这些琳琅满目的商品，你们想买吗？

生：想！

师：今天，老师毛遂自荐担任小小商店的总经理，现在我要现场招聘三名售货员和三名小经理，大家有信心吗？

生：有！

师：好样的！现在先招聘三名售货员。作为一名合格的售货员，首先要懂得算钱。谁能回答有关购物的问题，谁就有资格担任售货员。愿意吗？

生：愿意！

出示小小商店货架图片

请看小小商店的货架上有很多物品，谁愿意向大家介绍一下商品的名称和价格？

生：……

师：货架上的商品，小朋友们看清楚了吗？

生：看清楚了。

师：老师的考题已经准备好了，下面请听第一考题——

（1）买一本《成语词典》和一个书包，一共要多少元？

你要怎样付钱？如果付了50元，作为售货员应该怎样找钱？

谁还能提出一个加法计算的问题呢？

师生交流，招聘小小商店售货员。

出示第二考题

（2）有30元钱，买一个熊猫和一个洋娃娃，够不够？

师生交流，招聘小小商店玩具柜小经理。

出示第三考题

（3）用50元买货架上的商品，最多能买几件？

师生交流，招聘小小商店文具柜小经理。

（4）你还能提出什么问题？

师生交流，招聘好小小商店食品柜小经理。

【设计意图：将课本上的情景问题变成招聘售货员、小经理的考题，调动学生思维的发散性和灵活性，既激发了学生的学习热情，又为后面学生的购物活动做充分铺垫。】

活动二：模拟购物

师：经过两轮激烈的竞争我们的工作人员已经全部到位，我宣布"小小商店"正式开业！

课件出示图片，学生介绍"爱心小天使"。

师：今天，我们继续围绕为XX同学捐款进行义卖活动。

小经理介绍自己的商品。

师：在购物时人多怎么办？

生1：……

生 2：……

生 3：……

师：在购物时要讲文明守纪律。下课时小经理将颁发"文明顾客"奖状，大家有信心获得这个荣誉吗?

生：有!

请所有的小顾客带上自己的钱，到自己喜欢的柜台购物吧!

学生在欢快的音乐声中自由购物。

【设计意图：让学生人人参与简单的购物的活动，充分体验如何付钱、找钱，学会与人合作，体验购物的过程，同时，渗透德育教育，通过义卖提升购物活动的意义，师生情感的交流，自然、融洽，使学生深深地体验到数学应用来源于生活，服务于生活乐趣，从而进一步激发学生的好奇心，引发更强烈的求知欲望。】

三、思维碰撞，融道经验

活动三：交流体验

（1）填写购物清单和售货清单。

师：请所有的小顾客将购物清单填写好，三位售货员将售货清单填写好。

教师巡视并指导顾客和售货员填写清单，提示不会写的字可以用拼音代替。

（2）说说你的购物体验。

小顾客说说自己的购物清单，售货员说说自己的售货清单。交流：你在购物时遇到了的麻烦或问题。引导学生对小小商店提出好的建议。

【设计意图：通过交流，让学生说说购物遇到的问题，使学生积累数学活动的经验。通过对小小商店提出好的建议，使学生在无意识中接受了自我教育，渗透文明购物的教育，同时教育学生养成节约用钱的习惯。】

四、课外拓展，延伸经验

欣赏微课，总结延伸：超市里一些特殊的标记让学生认一认，如商品优惠的标签（这些标签是黄色的，为什么呢）等，并提醒学生购物时看清生产日期和保质期，尤其是打折促销的商品。

【设计意图：以欣赏微课的形式总结全课拓展延伸，让学生真正将数学知识融入生活。】

板书设计：

小小商店

（1）买一本《成语词典》和一个书包，一共要多少元？

10+35=45（元）

（2）有30元钱，买一个熊猫和一个洋娃娃，够不够？

20+11=31（元）31＞30

（3）用50元买货架上的商品，最多可以买几件呢？

10+4+9+6+5+16=50（元）最多可以买6件

要关注数学教学与人的发展的关系，深入挖掘数学学科的育人价值，让数学课堂具有鲜明的生命性，为培养全面发展的合格公民、有用人才而奠基。本节课既基于一年级儿童的心理与认知特点，充满生活趣味，又基于儿童思维发展的特点，散发数学深味，还基于学生生命成长的需求，浸润情感韵味，"三味"相融，体现数学学习的意义与价值！

第六节　情境中感知，探究中建构

——"小数的意义"教学实录与评析

【教学内容】

苏教版数学五年级上册第30～32页例1、"试一试""练一练"。

【教学目标】

（1）使学生现实情境中初步理解小数的意义，学会读、写小数，体会小数与十进分数之间的联系。

（2）使学生在建构小数概念的过程中，培养初步的观察、比较、抽象和概括能力。

（3）通过练习，在巩固小数知识的同时培养学生对小数大小的直观感觉。

【教学重、难点】

理解小数的意义；如何通过观察、比较，抽象概括出小数的意义。

【教具准备】

米尺、多媒体课件。

【教学过程】

一、创设情境，感受小数产生的必要性

播放新中国成立 70 周年国庆阅兵视频：

2019 年 10 月 1 日上午，庆祝中华人民共和国成立 70 周年大会在北京天安门广场隆重举行……此次阅兵中的一些细节，更是为广大人民群众津津乐道：国旗升到 28.3 米……行进间的阅兵车队，横竖都是一条线，要知道人眨眼的速度大约为 0.3 秒，阅兵驾驶员通过 200 米距离，时间误差控制在 0.15 秒之内，误差距离 0.05 米之内……

师：观看视频后，大家有什么想说的？

生：我觉得祖国很强大。

生：阅兵的场面很壮观，解放军战士很英武。

师：在观看视频时，你关注有哪些数学信息？

生：国旗升起的高度是 28.3 米，人眨眼的速度是 0.3 秒……

师：这些都是什么数？谁能来读一读。

生：这是小数，28.3 读作二十八点三；0.3 读作零点三。

师：谁能说一说关于小数你已经知道了哪些知识？

生：小数由整数部分、小数点和小数部分组成

生：根据小数部分位数的不同，可以分为一位小数、两位小数、三位小数……

【评析】"题式自有境，入境始以亲"，模拟生活情境，能在适当的情境中调动学生的学习积极性。通过实践动手、动脑将生活与数学联系起来，通过生活现象理解教学内容。三年级时，学生在具体的情境中联系生活中具体的数量认识了小数，而本节课则是学生系统地学习小数的开始，通过学习可让学生体会到小数与生活的联系、感受到小数产生的必要性。乔纳森在《学习环境的理论基础》中说到"情境是利用一个熟悉的参考物，帮助学生将一个要探究的概念与熟悉的经验联系起来。"笔者设计了微视频《阅兵》，这对学生来说是非常熟悉的。在感受祖国强大的同时感知数学源于生活，唤醒学生已有的认知经验，激发学生探索小数的欲望。由此，通过把"小数的产生"和"小数的意义"巧妙结合，自然地过渡到了本节课的学习内容。

二、走进生活，初步感知小数的意义

出示商店图片：一张邮票面值 0.3 元，一本本子 0.78 元，一把小尺 2.6 元。

师：你能读一读这些数吗，并说说它所表示的意思？

生：0.3 元表示 3 角，0.78 表示 7 角 8 分，2.6 表示 2 元 6 角。

师：你能试着把这些小数与分数相关联吗？并用分数的意义表述。

生：0.3 应该等于 3/10，表示把 1 元平均分成 10 份，表示其中的 3 份。

生：0.78 表示把一元平均分成 100 份，表示其中的 78 份。

师：你能把下面各数写成用元做单位的分数和小数吗？

7 角 =（   ）元 =（   ）元   35 分 =（   ）元 =（   ）元

生：7角＝（7/10）元＝（0.7）元

生：35分＝（35/100）元＝（0.35）元

师：你觉得小数与分数有什么样的关系？

生：我觉得一位小数表示十分之几，两位小数表述百分之几……

【评析】从学生在生活中已积累了不少关于小数的经验，特别是购物过程中商品的价格常常是用小数表示，以此作为学生的学习起点，正好处在"最近发展区"。以元为单位的两位小数，学生接触较多，在教学中，要充分唤醒并利用学生的这一生活经验，借人民币单位之间的进率渗透位值原则，才有利于学习的迁移。从0.3元到0.3，再从0.3到3/10，由生活中的具体数量过渡到抽象的数学概念。

三、数形结合，理解建构抽象的概念。

出示米尺：

师：（用长20cm实物靠近米尺）你能读出这个长度吗？还有其他表示的方法吗？

生：20厘米，也可以用2分米表示

师：20厘米或2分米，这个长度可以用"米"做单位来表示吗？

生：应该是0.2米，或者是0.20米。

师：如果是28厘米呢？

生：可以用0.28米来表示，把1米平均分成100份，每份是1厘米，28厘米就表示其中的23份，也就是28/100。

师：如果把1米平均分成1000份，每份是它的几分之几？是多少米？

生：每份是1毫米，也就是1/1000米＝0.001米师：下面的涂色部分用小数表示是多少？

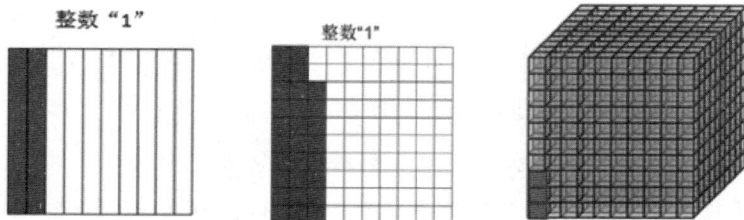

整数"1"　　　　整数"1"

生：0.2、0.28、0.003

师：你能说说小数和分数的关系吗？

生：分母是 10、100、1000……的分数都可以用小数表示。一位小数表示十分之几，两位小数表示百分之几，三位小数表示千分之几……

师：在数轴中找小数。

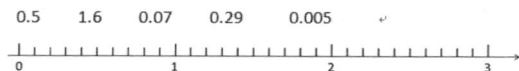

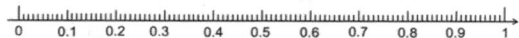

0.5　1.6　0.07　0.29　0.005

【评析】在完成对以米为单位的三位小数的认识后，分别出示平均分成 10 份、100 份的正方形及平均分成 1000 份的正方体，让学生表示所学的小数，学生要根据小数想对应的分数，再选择相应的图，这一活动让学生再次感受到小数与十进制分数的内在联系，渗透整体"1"。

这就加强了小数与分数的联系，更从直观上突出了这些纯小数与整体"1"的联系，学生用图表示这些小数时，初步体会了一位、两位、三位小数是若干个 0.1、0.01、0.001 累加构成新的小数，感受小数的计数单位。从具体到抽象，以形助数，数形结合，利用直观模型，架起了学生自主构建小数与分数之间的桥梁，让学生真正成为学习的主人。

四、总结拓展，延伸

师：通过今天这节课的学习，你对小数又有了怎样的新认识？

生：我重新认识了小数，并知道了小数与分数之间的关联

生：我理解了小数所表示的意义。

师：抢答，迅速说出对应的分数和小数

0.9　0.39　0.206　0.300

$\dfrac{3}{10}$　$\dfrac{3}{100}$　$\dfrac{32}{100}$　$\dfrac{18}{1000}$　$\dfrac{128}{1000}$

0.□　0.8□　0.3□9

师：欣赏微视频《有名的小数》，课后去收集还有哪些比较有趣的小数？

圆周率：3.1415926……　黄金分割：0.618

师：数学世界奥妙无穷，建议课后阅读《数学史》和《数是怎么来的》，进一步研究和学习！

【评析】设立快速抢答游戏，学生在游戏中理解小数的本质，数形结合，在对比中寻找小数与分数的关系，真正做到了将课堂还给了学生，让课堂焕发生命的活力。由此加深了学生对小数的理解，积累了丰富的数学活动经验。

迁移是学生重要的学习方式，但是在知识迁移中，也会出现不少问题。抢答游戏中，一位小数是十分之几、两位小数是百分之几，学生能够熟练地进行迁移到三位小数就是千分之几，在实际教学中，我们要注意优化知识迁移的环境，出示0.□　0.8□　0.3□9，这三个不完整的小数，让学生的迁移不止是简单的模仿，而是有意义，有价值，有质量的智慧学习。

【总评】

传统的课堂教学只重视学生对教材内容的记忆和内化，而在新课标指导下的课堂教学更关注教师的个人知识与师生互动产生的新知识，更鼓励教师尝试设计数学活动，引导学生主动探究、迁移类推，帮助学生

积累基本活动经验。"数学基本活动经验应是学生通过自己所经历或从事的数学活动而获得的感性经验与直接经验。"首先,教师要创设合适的问题情境,激发学生的学习积极性;其次,教师要引导学生经历数学活动,获得直接经验;最终,学生通过迁移类推,把获得的直接经验逐步提升为科学的数学活动经验,建构小数的意义。

后　记

以雅润德　智慧育人

——盱眙县城南实验小学"雅智"教育理念打造特色品牌名校

盱眙县城南实验小学坐落于巍巍都梁北麓，汤汤淮水南畔，始建于1922年，原名"洒金桥小学"；2005年学校升格为省级实验小学，更名为"盱眙县城南实验小学"。目前，学校共有个二个校区一个教学点，56个教学班，186名教职工，2684名在校生。

崇圣持恒，敬一不怠。以雅立其品，以智铸其行。盱眙县城南实验小学沐新时代阳光，确立"雅智"教育理念，以"聚微成博，积善养德"为校训，以"雅行立德，智慧育人"为目标，深入践行"打造儒雅教师，厚实师教底蕴；培养雅行少年，集聚生学气息；开发智博微课，提升学力载体；培养阅读能力，协调智体发展"美好愿景，坚持行动引领、行动落实、行动石展，成为"全国读书育人特色学校""中国好教师公益行动计划基地校""全国家校（园）共建示范点""全国青少年校园足球特色学校""全国'新时代美育劳动教育数字资源建设与应用众筹众创'共同体""全国支持教师文学创作先进单位""全国青少年

141

人工智能活动特色单位""江苏省中小学党建'一校一品'成果奖""江苏省优秀家长学校""江苏省诗教先进单位""江苏省智慧校园""江苏省绿色校园""江苏省 STEAM 试点校"等诸多荣耀集于一身的窗口品牌名校。

顶层设计构建、完善"雅智"办学理念

有着百年办学历史的盱眙县城南实验小学厚重的历史积淀与文化一脉相承，在追寻承载着自己独特办学特色和办学文化的路上已奋力前行多年。文化是一所学校的灵魂，没有文化，学校就没有了根基与未来。文化的形成犹如铸剑，既要有上好的精钢作为原材料，又要有铸剑大师精心将其淬火、浇铸，千锤百炼后方能铸成名剑。在不断的问道中华经典文化和展望未来发展之后，学校经反复调研，最终确立"雅智"文化为我校的文脉传承之道，办学文化特色，未来发展方向。

我们尊崇传统文化，因为那是中华之根。君子安雅，君子乐雅，可以说，一个"雅"字代表了中国传统文化的价值观，代表了学校发展之精魂。

我们提倡创新教育，因为那是希望所在。培养有"智"的儿童，创建"智慧的校园"，可以说，一个"智"字代表未来发展的趋向。

雅智其实就是德育和智育。德育立人品行，端其行为，塑其性格；智育开人眼界，张其眼光，提其品味。据此，我们提出以雅润德，智慧育人为核心内涵的"雅智"理念。立足培养学生高雅内涵、高雅品行、高雅情操；智学能力、智读习惯、智动风采。以雅润德，以智铸能。如果说，"雅"代表的是传承、是习惯、是指向培养学生成人的，那么"智"则代表着未来、代表着方向，是指向培养学生成才的。先成人、后成才；既成人，又成才。"雅智"理念"骨架"成型后，学校通过聘请专家、组织教研活动、沙龙论坛进一步提炼、完善"雅智"理论，丰满"血肉"，形成指导性、可持续性的纲领性文件，完成学校发展的顶

层设计，奠定教育规划的终极目标。

深研"雅"文化，以阅读厚实师教底蕴

教师队伍是学校可持续发展的核心所在，学校把以文化人、以文育德，作为教师成长和发展的风向标，让城南儒雅教师群体日渐成为盱眙教育的一张新名片。

目前，学校有国家作协会员1人，省市县作协7人，市书画家会员3人。学校深研"雅"文化，积极抓特色，以阅读厚实师教底蕴，营造"雅"氛围。规范"200读书计划""1160书香人家"建设流程，编写校本教材《浸润书香》《诗韵含香》采撷世间最美的果实，丰富学校文化内涵；弘扬教师雅德、雅慧、雅趣，如《听老教师讲城南过去的故事》《长大后，我就成了你》《我的青春讲台》《"智读·智行"江苏省黄爱勤网络名师工作室读书分享及理论提升专题研讨活动》《阅读分享沐浴书香——盱眙县城南实验小学共同体崇圣读书分享会读书演讲比赛》等文化活动，引领新教师、年轻教师以老教师们为榜样楷模，传承城南精神；作为"淮安市亲子阅读体验基地"，学校把读书活动引向社区，推动家庭读书热，营造了馥郁浓香、趣味盎然的全民阅读氛围。除此之外作为国家作协成员、"孙犁文学奖"获得者张佐香老师成立读书沙龙，定期开展活动助力青年教师成长，为教师购买和推荐阅读书目，引领教师从课堂教学的事务型转为课堂教学的研究型，促进教师内在"质"的跨越。张佐香老师2017年获全国教师文学创作最高奖——叶圣陶教师文学奖。她的多篇散文被各地高考、中考选为阅读命题，散文集《亲亲麦子》《鲜花照亮了我的房间》等散文集让广大中小学生爱不释手。

播撒"雅"种子，着力培养雅行少年

"言谈文雅，举止优雅，气质儒雅，情趣高雅"，学校将培养"雅

行少年"作为学校德育工作的重要内容，让学生的学习生活充满雅趣，让学生的人格发展汇聚雅德。

学校打造独特的智博微课程体系引导智读，培养学生良好阅读习惯；开启智动，协调智体同步发展；梳理智学，完善雅智管理系统。制定方案规范"书香班级""书香人家"建设流程，培育"悦读少年"，努力把读书活动引向社区，推动家庭读书热。学校以"成才先成人"为原则，加强学生行为习惯的养成教育，努力塑造博学少年，诚信君子。为此，学校编写了德育校本教材《雅行少年》，制定了《雅行少年一日常规》《雅行少年评比标准》《雅行歌》等，内容丰富、实用。学校以活动为载体，结合国家"双减"政策加大学生综合素质的培养，推出多彩特色"三餐"。即：每周二、四、五下午设置"作业辅导营养餐"。课后服务第一节课学生独立完成每门学科作业，遇到难题可以请教辅导老师，老师负责答疑；第二节课辅导老师根据所教学科，开展特色课堂。学生的当天作业当堂完成，解决了回家无人辅导的现象，还能享受老师制定的特色学科辅导。每周一、三下午设置"社团活动自助餐"，汇集了书法、绘画、舞蹈、声乐、器乐、演讲、球类、棋类、健美操、电脑编程等八大类三十余种课程；开展"才艺展示月""素质汇报周"等为学生提供了个性发展与表现的舞台。广泛组织学生参观铁山寺素质教育基地、龙虾博物馆、红色教育基地各类文化场馆、校外实践活动，拓宽学生视野，增强了学生的爱国情怀，丰富了学生的历史文化知识。寓教于乐的每周有活动、每月有主题的雅行体验让学生自我教育、自我约束，使道德教育潜移默化。随着雅智特色的开展，一项项素质教育的殊荣接踵而至。"全国百佳书画"一等奖、《洒金桥》校报国家一等奖，科技兴趣小组在连续五年在全国青少年车辆模型比赛中获多项一等奖，"第十七届江苏省少年电子百拼智 PU 项目"团体一等奖、淮安市"优秀学生社团"；歌唱、舞蹈、体操、球类、棋类社团多次获市县比赛一等奖；足球和篮球社团在县内比赛中屡获桂冠，并多次代表盱眙参加各级各类文艺表演。舞蹈社团的赵心怡同学还登上了中央电视台的"非常6+1"的舞台，黄爱勤校长作客江苏电视台"奇迹学院"，讲述了城南实验小学"奇迹少年"的成长故事。

探究"智"教育，构建智学课堂的样态

盱眙县城南实验小学自2015年创建淮安市首批"智慧校园"和申报省"十二五"规划课题以来，一直积极探索"雅智"理念中"智"型课堂教学的深度挖掘，让智慧应用和智慧理念在课堂内外融合与创新。通过三年的积淀，于2018年正式提出"智教慧学"的教育理念，并在此基础上研究、施行"智学"课堂。

"智学"课堂是以关注学生有效学习、关注学生核心素养的培养为目标的现代化课堂，是建立在智慧校园基础之上，以泛在网络为保证，以智博微课程为载体，以教师教学智能化、学生学习自主化、测试评价数据化、课外延伸多样化为特点的新型课堂。课堂教学不是简单的知识学习过程，它是师生共同成长的生命历程，是不可重复的激情与智慧综合生成的过程。新课标理念下的课堂教学正从"知识"走向"智慧"，正从培养"人"转化为培养"智慧者"。

智学课堂的构建体现了前沿意识。2018年"智学"课堂的提出后，2019年1月，"江苏省名师空中课堂"开通。2020年10月，江苏省首批网络名师正式成立。2021年2月，淮安市基础教育"融学课堂"教学改革实施方案提出。学校结合"融学课堂"建设进行深入研究和解读，摸清"融学课堂"和"智学课堂"的契合点，找"准融学堂"和"智学课堂"的结合点，充分发展"智学课堂"在融合教育研究方面的优势和可塑造性、可发展性。结合江苏省名师空中课堂建设、网络名师工程建设进一步发展、深化开发出"智学专递课堂""智学直播课堂""智学互动课堂"。智学课堂的构建实现教育资源的共享。随着教育资源的不断丰富，各种课堂教学工具不胜枚举，智能硬件工具推陈出新，让教师教学资源的选择具有了多样性。因此，在实际教学过程中，对已有的教学资源进行二次加工并生成利用，并将资源与移动终端充分结合，能较好地适应教育资源的常态化应用和共享。

智学课堂的构建高效的应用模式。通过对智学课堂技术、设备等多方运用，产生贯穿课前、课中、课后的交流互动。同时，让教学过程与教学评价互通共享，方便教师全方位快速掌握学生的学习进展，有针对性地调整教学策略，为个性化教学提供精准依据，构成了新型高效的教学模式。智学课堂的构建形成立体的互动关系。智学课堂的互动性体现在教学过程中的师生之间，教师与资源、学生与资源等各种维度的互动间，彻底打破原有教育方式的空间限制、时间限制。尤其教学课堂中利用平台系统中的抢答、随机提问、小组 PK、讨论、投票、表扬等功能可以很好实现师生间的互动交流，引导学生阐述自己对问题的认识过程、表达自己的观点，让学生发现新的问题，并在课堂上展开讨论、寻求答案，充分体现学生的主体性，不断提高学生的参与度，同时还可以促进课堂的趣味性、师生互动性，更能激发学生间的竞争意识，提高课堂效率。

智学课堂的构建达成高效的评价机制。智学课堂的感知性体现在收集信息和数据方面。基于数据的统计分析对学生学习情况、学习成绩进行自动感知，生成学习情况报告、测试成绩报告等。教师可以通过每名学生的情况个性推送对应的试题及讲解，因材施教，最大程度提升了教学效果。

对标"双减"，"智慧作业"探索教育教学新模式

为响应国家号召，切实提升学校育人水平，持续规范校外培训（包括线上培训和线下培训），有效减轻义务教育阶段学生过重作业负担和校外培训负担，盱眙县城南实验小学结合"雅智"理念，开展专项探索研究，提出小学生"智慧型"作业理念及评价体系，并成功申报江苏省

"十四五"规划课题。

"智慧作业"是相对于传统作业而提出的一个概念，是指小学生在课内外，在教师指导下完成的丰富多元的作业形式，是旨在巩固和拓展所学知识、培养学生创新思维、提升学生生命智慧和幸福感的作业。智慧作业不同于一般意义上的传统的书面作业，它不是一种特定的作业形态，而是在创新教育观念下，对常规作业模式进行改革、突破和创新。对小学智慧型作业的设计和评价进行研究，是新形势下教师对教学对象、教学手段、教学时机、教学诊断等进行规划和创造的新态势。它主要细分为：①实践作业。每个学科都可以针对不同特点布置相应的实践性作业，以现实生活中的材料作为问题的情景，引导学生联系自己的生活经验，应用所学知识和方法，去关注、观察、思考现实生活，可以更好地体现学科内容的价值。②观察作业。罗丹曾说："生活中并不是缺少美，而是缺少发现美的眼睛。"苏霍姆林斯基也认为："观察是智慧的重要来源。"如果小学生能关注生活，注意观察周围的事物，那么他们的生活一定会光彩夺目，与众不同。这种观察总结类作业，不仅能够提高学生完成作业的积极性，还能加强学生对图形特点的记忆。③表演作业。表演作业对学生的要求较高，既要有较好的语言表达能力，还要有肢体、神态、表情同时辅助实施完成，在表演过程中，学生可以自由发挥创造意识，激发创作思维。④制作作业。制作型作业，是对学生课中学习内容的有效补充，可以拓展学生思维，培养学生的动手能力，提高学生的学习兴趣。⑤阅读作业。这里的阅读作业，不仅指学生阅读课内外书籍，而是面向全学科的全科阅读，包括文学、数学、科学、历史、地理等。当阅读变得不再单一，学生才能多元收获，智慧成长。例如：五年级英语备课组集中研讨，常态英语教学中，将课内外融合阅读落实于单元教学的每一课时中，落细落实课外阅读计划，课后阅读拓展作业，力求课内课外阅读相结合。⑥分层作业。分层作业一定是"弹性"的，它针对学生的学习水平层次进行分类，目的是使不同层次学生的学习得到不同程度的提高。对作业的难度、容量要适当把控，既要让学有余力的孩子"吃得好"，也要让学力不足的孩子"饿不着"。⑦自主作业。自主作业即自己进行拓展学习，可以是预习、复习或其他的研究性学习，可以较好地培养学生学习能力、规划能力、创新能力、时间管理能力等。⑧积累性作业。"九层之台，起于累土。"学科素养，始于积累。让学生进行各科知识，尤其是课外知识的积累颇为重要，这也是当今社会培养创新人才的关键。积累性作业的渠道是多元的，可以是文化课程类的阅读、收听、收看、背诵，也可以是体艺课程内的绘画、体健、音乐，当然也可以上知天文、下知地理。学生博学、慧学，就要广泛积累。

智慧作业深入推进教师角色定位、教学方式改革，学生的学习方式、学习内容都发生了新的改变，每一位师生在实践、尝试，逐步完善和优化中，形成"双减"背景下学生作业的新样态。

名师助力，团队引领学校、城南教育共同体高速发展

盱眙县城南实验小学有江苏省教育家型校长培养对象 1 人，"省 333 人才"培养对象 2 人，淮安市名校长 1 人，淮安市学科带头人 5 人，淮安市"雏燕奋飞"成员 2 人，盱眙县"名教师"6 人，盱眙县骨干教师 45 人。学校依托江苏省黄爱勤网络名师工作室、淮安市李兆刚网络名师工作室，淮安市"四有"好教师团队，形成学习型、研究型教师队伍，制定相应工作研究与学习交流制度，定期开展研训活动，整体提升教师素养和班主任管理能力。

学校邀请淮安市教育局副局长、江苏省特级教师、薛祝其，南京市江宁区小数教研员、江苏省特级教师戴厚祥，南京天正小学校长、教育博士、省特级教师王九红，江苏省特级教师方学法、王乃涛等专家到校指导智学课堂工作开展，随着"智学"型课堂的深入研究与打造，形成了教研成熟体系，即：理论→实践→研究→推广，从教学一线课堂入

手，转变课堂模式。

首先组织教师学习"智学"课堂理论，让教师认清事实，即：教师不是搬运工，不是百事通，是教育教学中的桥梯角色，是教育教学活动的引路人。利用丰富的网络和编辑的智能应用让传统的课堂教学变成利用微课、利用信息技术背景下的智能化的"智教"，让教师从"传统模式"到"智教模式"。让学生真正成为学习的主人，从"会学"到"慧学"。学生的学习不再是被动性的，而是全方位、智慧化的从"会学"向"慧学"的转变。要让学生从基础、能力、习惯层次的"会学"转向线下学习、泛在学习、翻转学习方面的"慧学"。让课堂从"生本"到"人本"。课堂从"以生为本"的角度转向着既关注学生学习，也关注教师成长的"以人为本"的师生共同发展的双向性发展课堂。

为理论能有效地运用到一线课堂，进一步加强教师课堂教学能力，盱眙县城南实验小学先后承办了"淮安市信息化教学观摩活动""淮安市爱在乡村教育"送课活动、"江淮名师"百校行活动、淮安市"广教研"教学研讨活动、江苏省网络名师工作室开班活动。2020 — 2021年，学校还先后22次承办网络名师工作室市及其他县级活动。通过"智学专递"课堂，连线县内教研薄弱学校和城南实验小学共同体学校；通过"智学直播"课堂，向县内外工作室成员展示了城南小学智学教研的成功经验。教研团队以"省网络名师工作室""乡村小学数学骨干教师培育站"和"教育发展共同体""四有好教师团队活动"为平台，带领、培养了一大批农村小学骨干教师，将智学课堂科研成果和先进经验向更广的区域辐射。

深入的理论学习与实践换来了硕果累累，盱眙县城南实验小学的课题研究、教师成长捷报频传。《微课对教师专业发展影响的研究》《微课对农村小学数学教师专业发展影响的研究》《适合农村小学的 STEAM 项目案例研究与开发》《"双减"背景下智慧型作业的开发与应用研究》等一项项省级和国家级课题，或成功结题，或正在有序地进行。几年来，教师们的微课、课件、设计等作品获省级一等奖、二等奖 16 人次，市级一等奖 37 人次。教师发表论文 36 篇、获奖 45 篇；开设县以上公开课、优课获奖 24 节；省市级"智慧校园创建""信息化工作会议""江苏省名校联盟研讨会"上的一次次典型发言激昂有力。淮安电视台、，《江苏科技报》江苏卫视等多家媒体的跟踪报道，是城南人不竭探索的科学精神和追求卓越之意志的充分展现。

淮水源远流长，城南百年逐梦。桃李不言满庭芳，弦歌百年今飞扬。阳光雨露润城南，师生共植百花园。新时代、新征程，城南人——永怀树人育才之初心，坚守雅智笃学之使命。雅行立德促发展，智慧引领铸品牌；百年城南映朝晖，昂首阔步向未来！

参考文献

[1] 教育部 . 义务教育课程方案和课程标准 [S]，2022(4).

[2] 熊欢 . 微课在小学数学"图形与几何"教学中的应用研究 [D]. 中南民族大学，2021.

[3] DOI:10.27710/d.cnki.gznmc.2021.000741.

[4] 成永娇 . 基于 ARCS 动机模型的小学数学微课设计与应用研究 [D]. 鲁东大学，2022. DOI:10.27216/d.cnki.gysfc.2022.000627.

[5] 梁静萍 . 小学数学拓展课的微课设计与应用 [D]. 华中师范大学，2021. DOI:10.27159/d.cnki.ghzsu.2021.004004.

[6] 李双燕 . 应用微课的小学数学学困生转化行动研究 [D]. 聊城大学，2021. DOI:10.27214/d.cnki.glcsu.2021.000156.

[7] 汪滢 . 微课的内涵、特征与适用领域—基于首届全国高校微课教学比赛作品及其征文的分析 [J]. 课程 . 教材 . 教法，2014，34(07):17–22. DOI:10.19877/j.cnki.kcjcjf.2014.07.004.

[8] 孔繁晶 . 控量减负，创新增效——"双减"背景下的小学数学作业设计 [J]. 教育研究与评论 (小学教育教学)，2021，No.479(08):29–34.

[9] 胡美琳 . "双减"背景下微课提升小学生数学应用意识的实践研究 [D]. 广西师范大学，2023.DOI:10.27036/d.cnki.ggxsu.2023.000626.

[10] 陈福荣 . 核心素养下小学数学网络互动课堂学习的实践探索 [J]. 数据，2022(06):66-68.

[11] 沈本辉 . "双减"背景下小学高年段数学教学方法探究 [J]. 亚太教育，2022(14):129-131.

[12] 孙丽梅，吴华 . 现代信息技术支持下的数学微课教学 [J]. 科教导刊（中旬刊），2013(24):65-66. DOI:10.16400/j.cnki.kjdkz.2013.12.001.

[13] 胡铁生 . 微课的内涵理解与教学设计方法 [J]. 广东教育（综合版），2014，(4).

[14] 胡铁生 . 微课设计的六种实用技巧 [J]. 中国信息技术教育，2017(23):8-10.

[15] BOYATZIS RE. Transforming qualitative information:thematic analysis and code devel opment[M]. Thousand Oaks，CA:Sage Publications，1998:99-127.

[16] 焦建利 . 微课及其应用与影响 [J]. 中小学信息技术教育，2013(4):13-14.

[17] 黎加厚 . 微课的含义与发展 [J]. 中小学信息技术教育，2013(4):10-12.

[18] 张一春 . 微课建设研究与思考 [J]. 中国教育网络，2013(10):28-31.

[19] 张云云 . 微课在小学数学教学中的应用研究 [D]. 延安大学，2020.

[20] DOI:10.27438/d.cnki.gyadu.2020.000054.

[21] 郑小军，杨上影 . 在线开放课程单元导入型微课设计的个案研究及启示——以《微课设计 与制作》第一单元《探秘微课》为例 [J]. 中国教育信息化，2019，No.446(11):29-32.

[22] 郑小军，张霞 . 微课的六点质疑及回应 [A].1009-5195(2014)02-0048-07 doi10.3969/j.issn.10 09-5195.2014.02.007.

[23] 顾佳欢 . 深度学习视角下微课在小学数学教学中的实践研究 [D]. 扬州大学，2023. DOI:10.27441/d.cnki.gyzdu.2023.001419.

[24] 王若竹 . 微课在小学数学图形与几何模块中的实验研究 [D]. 牡丹江师

范学院，2022. DOI:10.27757/d.cnki.gmdjs.2022.000078.

[25] 王金瑞.小学数学微课辅助教学的效果研究 [D]. 西南大学，2021. DOI:10.27684/d.cnki.gxndx.2021.001078.

[26] 林思佚.微课在小学数学复习课中的应用研究 [D]. 宁夏师范学院，2021. DOI:10.27842/d.cnki.gnxsf.2021.000014.

[27] 刘恒香.翻转课堂在小学数学教学实践中的研究 [D]. 南京师范大学，2020. DOI:10.27245/d.cnki.gnjsu.2020.001892.

[28] 费敏.基于微信公众平台小学数学微课的设计与实践 [D]. 陕西师范大学，2019. DOI:10.27292/d.cnki.gsxfu.2019.001774.

[29] 王文斐.面向逆向思维培养的小学数学微课设计与实践研究 [D]. 河北大学，2019.

[30] 陈娜.微课在小学数学教学中的运用研究 [D]. 华中师范大学，2019.

[31] 周乐.小学数学微课应用现状调查研究 [D]. 西北师范大学，2019.

[32] 周钧皓.小学数学微课的设计与应用 [D]. 杭州师范大学，2019.

[33] 梁静琴.小学数学解决问题微课开发与应用研究 [D]. 广东技术师范学院，2018.

[34] 王兴华.小学数学微果评价指标体系构建研究 [D]. 内蒙古师范大学，2018.

[35] 李银玲.支持小学数学探究学习活动的微课设计研究 [D]. 东北师范大学，2018.

[36] 金美花.微课在小学数学教学中的应用研究 [D]. 集美大学，2018.

[37] 柳春兰.小学数学微课实施的现状及对策研究 [D]. 鲁东大学，2017.

[38] 谭湘玉.巧用微课构建小学数学高效课堂 [J]. 实验教学与仪器，2022，39(09):49-50.DOI:10.19935/j.cnki.1004-2326.2022.09.018.

[39] 罗方.核心素养立意下的微课教学策略研究——以"My Week:Story Time"为例 [J]. 中小学数字化教学，2022(11):49-53.

[40] 翁加全.核心素养下小学数学实践与应用意识的培养策略 [J]. 新教

师，2022(07):77–78.

[41] 薛婷婷. 在小学数学教学中培养学生的数学应用意识 [J]. 教学管理与教育研究，2023(06):7 8–80.

[42] 宋峰. 小学数学教学中学生应用意识的培养 [J]. 陕西教育 (教学版)，2023，No.572(03):27–28. DOI:10.13617/j.cnki.sxnedu.2023.03.030.

[43] 张一川，钱扬义. 国内外 "微课" 资源建设与应用进展 [J]. 远程教育杂志，2013，(6):30.

[44] 李成武. 深度融合 启迪思维——信息技术与小学数学融合教学研究 [J]. 基础教育论坛，20 22(28):35+37.

[45] 周雅格. 国内微课研究综述 [J]. 赤峰学院学报 (自然科学版)，2020，36(08):110–114.DOI:10.13 398/j.cnki.issn1673–260x.2020.08.025.

[46] 周孟楠，张晓珊. 基于微课的中学信息技术翻转课堂教学实践 [J]. 西部素质教育，2023，9(06): 149–152.DOI:10.16681/j.cnki.wcqe.202306037.

[47] 王琪. 例谈微课在小学数学教学中的应用研究 [J]. 新课程，2022(38):140–141.

[48] 危雄，代薇. 浅论小学数学 "童真" 课堂中学生应用意识的培养 [J]. 教师教育论坛，2021，34(0 6):54–56.

[49] 彭刚. 核心素养条件下如何培养小学生的数学应用意识 [J]. 科学咨询 (教育科研)，2020，No. 701(08):137–138.

[50] 陈少宇. 小学数学教学中学生应用意识的培养策略 [J]. 亚太教育，2022(19):144–146.

[51] 盛海迪，唐斌. 人工智能视域下的小学数学教学分析与模式设计 [J]. 教学与管理，2023，（11）.

[52] 蔡丽娇. 基于混合学习的微课应用模式研究 [J]. 继续教育研究，2021，（02）.

[53] 陈维婧. 小学阶段学生数学应用意识的培养策略探究 [J]. 数学学习与

研究，2022(12):71-73.

[54] 杨佳艺．在小学数学教学中如何培养学生的数学应用意识[J].试题与研究，2021(13):13-14.

[55] 吴旭雄．小学数学自主合作探究学习方法的探索与应用[J].科学咨询（教育科研），2022(05): 197-200.

[56] 李洋，冉秦琴．基于文献分析法探讨微课在护理教学中的应用[J].全科护理，2019，17(04):48 4-487.

[57] Talmor Irit，Reshef Arie. Developing an Academic Logistics Course Using the Action Research Approach[J]. International Journal of Higher Education，2022，11(6).

[58] 宋铁波，陈玉娇，朱子君．量化文本分析法在国内外工商管理领域的应用对比与评述[J].管理学报，2021，18(04):624-632.

[59] 杨晓东，徐兆洋．建构主义学习理论视域下语文课程教学困境及解决策略[J].汉字文化，20 23，No.330(06):134-136.DOI:10.14014/j.cnki.cn11-2597/g2.2023.06.044.

[60] 杨昔阳，毛禧雯，何亚婷等．认知负荷理论和 GeoGebra 的数学教学策略[J].宁德师范学院学 报（自然科学版），2022，34(03):322-326+336.DOI:10.15911/j.cnki.35-1311/n.2022.03.001.

[61] 曾清浩．"最近发展区"理念下的课前诊断评价策略[J].中学历史教学，2023(01):60-63.

[62] 李洪辉．"最近发展区内的相互作用"在教学中的完美体现[J].中学物理，2023，41(C1):41-44.

[63] 吴玉兵．微课在小学数学教学中的应用方法探讨[J].学周刊，2022(30):73-75.DOI:10.16657/ j.cnki.issn1673-9132.2022.30.024.

[64] 戴惠萍．核心素养下的微课教学在高中数学中的应用[J].中学课程辅导，2022(28):48-50.

[65] 庄欠凤．访谈法在教育研究中的应用分析[J]现代商贸工业，

2023(2):069.

[66] 刘杰. 浅谈如何应用微课优化小学数学课堂教学 [J]. 天天爱科学（教育前沿），2022(12):185– 187.

[67] 马建祥. 优化小学数学课前预习，提高课堂教学效率 [J]. 试题与研究，2022(31):121–123.

[68] 王玉红. 逆向思维培养的小学数学微课设计与实践 [J]. 家长，2022(29):28–30.

[69] 张悦，鲍建中. 微课及应用的实践探索 [J]. 中学物理，2022，40(20):50–54.

[70] 于亚燕. 学科育人指向下的微课开发与应用探索 [J]. 中小学数字化教学，2022(10):76–79.

[71] 盖丽芳. 微课在小学数学课堂教学中的应用方法研究 [J]. 天天爱科学（教学研究），2022(10): 197.

[72] 孙丽. 浅谈核心素养背景下初中数学教学的创新策略 [J]. 天天爱科学（教学研究），2022(10): 51–53.

[73] 贾晓青，郭文英. 信息技术在高职数学教学中的应用探讨 [J]. 现代职业教育，2022(36):134–1 36.

[74] 黄玉梅. 结合微课，让数学学习"深"起来——以小学数学"图形与几何"教学为例 [J]. 天津教育，2022(28):75–77.

[75] 陶金波. 家校共育背景下的小学数学教学微课创新发展路径 [J]. 新课程，2022(35):141–143.

[76] 杨俊杰. 创新教学方法，打造职高数学高效课堂 [J]. 科学咨询（教育科研），2022(09):146–148.

[77] 陈祥. 探究微课在初中数学课堂中的应用 [J]. 试题与研究，2022(27):9–11.

[78] 李登莉. 微课在小学信息技术教学中的应用与实践 [J]. 新课程教学（电子版），2022(17):134– 136.

[79] 杨斌.基于微课的初中数学智慧课堂构建策略[J].甘肃教育研究，2022(08):73-75.

[80] 石国禄.混合教学模式在小学数学中的应用策略[J].西部素质教育，2022，8(11):124-126.DOI:10.16681/j.cnki.wcqe.202211039.

[81] 刘建颖.小学数学微课教学思考[J].科学咨询(科技·管理)，2022(06):254-256.

[82] 何守刚.探索线上线下混合式教学新模式[J].中小学管理，2022(06):56-58.

[83] 郭卫霞.微课在提于教学效率中的应用[J].电子技术，2022，51(05):150-151.

[84] 赵正明.小学数学教学中的情境教学[J].科学咨询(教育科研)，2022(05):209-211.

[85] 郑长伟.小学生线上学习中微课的制作与应用[J].教学与管理，2022(14):23-25.

[86] 纪元.基于微课的中职数学教学实践[J].西部素质教育，2022，8(08):131-133.DOI:10.16681/j.cnki.wcqe.202208040.

[87] 张剑锋.基于微课的小学数学学困生教学研究[J].国家通用语言文字教学与研究，2022(04):111-113.

[88] 孟宪花.基于信息技术的初中数学微课教学探究[J].中国新通信，2022，24(07):185-187.

[89] 黄丽娟.小学数学"深度学习"教学策略研究[J].亚太教育，2022(07):109-111.

[90] 杨晓宇.微课在农村小学数学教学中的应用策略[J].农家参谋，2022(07):168-170.

[91] 张鹏程.微课在小学数学教学中的有效性应用[J].新课程，2021(51):135.

[92] 黄悦.基于微课的小学数学课堂教学模式探讨[J].湖南第一师范学院

学报，2016，16(04):13- 15+26.

[93] 谷传文. 微课资源在小学数学课堂教学中的应用 [J]. 中国现代教育装备，2015(18):68-70.D OI:10.13492/j.cnki.cmee.2015.18.025.

[94] 王竹立. 微课勿重走"课内整合"老路——对微课应用的再思考 [J]. 远程教育杂志，2014，32 (05):34-40.DOI:10.15881/j.cnki.cn33-1304/g4.2014.05.017.

[95] 苏小兵，管珏琪，钱冬明，祝智庭. 微课概念辨析及其教学应用研究 [J]. 中国电化教育，2014(0 7):94-99.

[96] 南君，张义朋，李翔宇. 微课在小学数学教学中的运用探究 [J]. 科学咨询 (科技·管理)，2020(1 2):226.

[97] 陈磊. 微课在小学数学教学中存在的问题及对策 [J]. 科学咨询 (科技·管理)，2020(12):232.

[98] 李铁英. 微课在小学数学教学中的应用策略 [J]. 福建教育学院学报，2021，22(09):89-91.